contrôle continu

résumé de cours | exercices | contrôles | corrigés

Sciences économiques et sociales

conforme au nouveau programme

2de

Catherine Aupècle

Professeur de Sciences économiques et sociales
au lycée Victor-Grignard à Cherbourg

ellipses

Collection « contrôle continu »
dirigée par Pascal Clavier

Seconde
- *Histoire-Géographie*
- *Mathématiques*
- *Physique-Chimie*
- *Sciences de la Vie et de la Terre*
- *Sciences économiques et sociales*

Premières

ES
- *Enseignement scientifique*
- *Histoire-Géographie*
- *Mathématiques*

L
- *Enseignement scientifique*
- *Enseignement scientifique*
- *Mathématiques – enseignement obligatoire au choix*

S
- *Histoire-Géographie*
- *Mathématiques*
- *Physique-Chimie*
- *Sciences de la Vie et de la Terre*

STG
- *Histoire-Géographie*

STI
- *Mathématiques*
- *Histoire-Géographie*
- *Physique appliquée – Génie mécanique, génie civil, génie énergétique*
- *Physique appliquée – Génie électrotechnique*
- *Physique appliquée – Génie électronique*

STL
- *Histoire-Géographie*

ST2S
- *Histoire-Géographie*

Terminales

ES
- *Histoire-Géographie*
- *Mathématiques*
- *Sciences économiques et sociales*

Terminales

L
- *Histoire-Géographie*
- *Mathématiques – enseignement de spécialité*

S
- *Histoire-Géographie*
- *Mathématiques – enseignement obligatoire*
- *Mathématiques – enseignement de spécialité*
- *Physique-Chimie– enseignement obligatoire nouvelle édition*
- *Physique-Chimie – enseignement de spécialité*
- *SVT – enseignement obligatoire*
- *SVT – enseignement de spécialité*

ST2S
- *Biologie humaine – Physiopathologie et terminologie médicale*
- *Maths – Physique – Chimie*

STG
- *Management des organisations*
- *Histoire-Géographie*
- *Économie-Droit*

STI
- *Mathématiques*
- *Physique appliquée – Génie électronique*
- *Physique appliquée – Génie mécanique, génie civil, génie énergétique*
- *Physique appliquée – Génie électrotechnique*

Bac Pro
- *Histoire-Géographie*

ISBN 978-2-7298-6023-3

www.editions-ellipses.fr

Sommaire

AVANT-PROPOS **5**

THÈME 1. MÉNAGES ET CONSOMMATION **7**

1. Comment les revenus et les prix influencent-ils les choix des consommateurs ? 9
2. La consommation, un marqueur social ? 30

THÈME 2. ENTREPRISES ET PRODUCTION **49**

3. Qui produit des richesses ? 51
4. Comment produire et combien produire ? 72

THÈME 3. MARCHÉS ET PRIX **91**

5. Comment se forment les prix sur un marché ? 93
6. La pollution : comment remédier aux limites du marché ? 112

THÈME 4. FORMATION ET EMPLOI **129**

7. Le diplôme : un passeport pour l'emploi ? 131
8. Le chômage : des coûts salariaux trop élevés ou une insuffisance de la demande ? 149

THÈME 5. INDIVIDUS ET CULTURES **169**

9. Comment devenons-nous des acteurs sociaux ? 171
10. Comment expliquer les différences de pratiques culturelles ? 188

Avant-propos

Cet ouvrage répond à plusieurs objectifs.

- Il veut, en premier lieu, faire découvrir aux élèves de Seconde les Sciences économiques et sociales, une nouvelle discipline pour eux, complexe mais passionnante.
- Un autre enjeu est de rendre plus aisée la compréhension de certains phénomènes et mécanismes afin que les jeunes puissent mieux cerner l'actualité, les problèmes économiques, sociologiques ou politiques auxquels ils seront confrontés. Ils pourront ainsi approfondir leurs connaissances.
- Cependant l'augmentation des savoirs ne saurait suffire. Cet ouvrage a également pour mission de développer des savoir-faire (étude de textes, graphiques, calculs statistiques…) par des conseils méthodologiques et l'utilisation de documents variés pour que les élèves puissent acquérir une façon de travailler de manière autonome. Il s'agit également de pouvoir aider au développement d'un esprit d'analyse.
- Pour ceux qui envisagent à la fin de la Seconde de s'orienter vers une filière ES, la vocation de ce livre est de fournir des bases essentielles pour préparer, par étapes progressives, l'épreuve de SES du bac.

Chaque chapitre de cet ouvrage est décomposé en plusieurs rubriques :

- **Sensibilisation :** phase de découverte en plusieurs étapes qui a pour objectif d'ancrer chaque question sur des données concrètes dans le but de « sensibiliser » les élèves aux problèmes soulevés par le chapitre au moyen de pistes de réflexion, de questions et d'exercices.
- **L'analyse :** définit les notions et idées de base, globalise et explique les principaux problèmes, fait appel à des courants de pensée, lance des thèmes de réflexion… afin de répondre de manière approfondie au sujet soulevé par chaque chapitre.
- **Les mots clés :** complètent les définitions du cours et fournissent des repères utiles. En SES le vocabulaire est spécifique ; une bonne maîtrise des termes économiques et sociaux valorise les réponses aux questions.
- **En savoir plus :** cette rubrique présente d'abord brièvement **des auteurs** (économistes, sociologues…) avec leurs idées en référence au chapitre étudié.

Puis sont présentées des **Curiosités, anecdotes** qui peuvent intéresser ceux qui veulent approfondir leurs connaissances même au-delà du strict cadre du programme scolaire.

- **La méthodologie :** regroupe des conseils variés et utiles pour la maîtrise des savoir-faire fondamentaux (techniques de calcul, utilisation de documents divers…).
- **Les exercices :** de diverses natures et de différents niveaux de difficulté repérables par :
  ✱ faciles ou rapides à faire ;
  ✱✱ de difficulté moyenne ;
  ✱✱✱ difficiles ou faisant appel à une longue réponse argumentée.
  Ces exercices se terminent toujours par un entraînement intitulé **« Vers le bac »** qui prépare, de manière progressive et accessible à un niveau de Seconde, à un sujet type bac, en insistant sur l'argumentation, l'analyse approfondie de documents, la rédaction d'un plan ou d'une synthèse…
- **Les corrigés :** les questions de la phase de sensibilisation mais aussi tous les exercices ainsi que les entraînements vers le bac sont corrigés de manière très détaillée afin que les élèves puissent bien comprendre les exigences des SES et progresser.

L'auteur, qui s'est basée sur son expérience de l'enseignement, espère que ce manuel sera un outil utile et agréable pour les élèves et qu'il répondra de manière satisfaisante à l'attente de ses utilisateurs. Son but est de faire découvrir et aimer les SES.
Agréable lecture et bon travail !

Thème 1
Ménages et consommation

Comment les revenus et les prix influencent-ils les choix des consommateurs ?

SENSIBILISATION

Étape 1

1. D'où vient l'argent que vos parents dépensent chaque mois ?
2. Vos parents dépensent-ils tout leur argent ? Sinon qu'en font-ils ? Expliquez.

Étape 2 : Problème

Un élève de Seconde, ***Louis Dor***, reçoit chaque mois de ses parents **47 €** d'argent de poche. Pour ses sorties il dépense 40 € par mois. Cependant, comme il veut pouvoir s'acheter un ordinateur portable il décide de mettre chaque fois 7 € de côté.

1. Calculez le pourcentage qu'il garde ou qu'il épargne.
2. Le mois suivant ses parents décident d'augmenter son argent de poche à **50 €**. Louis se demande ce qu'il va faire avec ces 3 euros supplémentaires. Quelles sont les 3 solutions possibles en termes de répartition ?
3. S'il décide d'épargner 2 €, quelle sera désormais la **part** épargnée ? La part dépensée ?
4. Pensez-vous qu'il est possible de calculer quelle part de l'augmentation du revenu est affectée à la consommation ? Le calcul n'est pas demandé mais il n'est pas interdit de réfléchir !
5. Finalement il décide d'épargner tout le surplus. Calculez alors le pourcentage consommé et épargné.
6. 6 mois après, les parents de notre ami ne lui ont pas augmenté son argent de poche mais les prix ont augmenté et les sorties de Louis lui coûtent désormais **50 €**. Que pouvez-vous en conclure sur la situation de Louis ?

Étape 3

1. Que peut-on faire avec l'argent que l'on ne dépense pas ?
2. Quels peuvent en être les avantages ?

Étape 4

- Pour vos achats, êtes-vous toujours « sensible » aux variations de prix ? Pourquoi ? Expliquez.

Étape 5

- Quelle réflexion vous inspire le dessin suivant ?

© http ://crayondenuit.canalblog.com et www.frep-dessins.net

ANALYSE

L'individu a de multiples façons d'utiliser son revenu mais suivant le montant de ce dernier il subira souvent des contraintes qui influenceront ses choix. Il commencera par se demander : puis-je consommer et quoi ? Dois-je épargner et pour quels motifs ?
Pour sa consommation il doit ensuite opérer un choix parmi la multitude de biens et services dont les prix varient sans arrêt. Comment s'y retrouver ? Sera-t-il sensible à ces variations de prix ? Sera-t-il plutôt influencé par les variations de son revenu ? Le plus important n'est-il pas l'augmentation ou du moins le maintien de son pouvoir d'achat ?

I. D'où vient le revenu disponible des ménages et comment est-il utilisé ?

1) Qu'est ce que le revenu disponible des ménages ?

L'activité productive va donner naissance de manière directe ou indirecte à tous les revenus. Les revenus sont nombreux mais c'est le revenu disponible qui est la notion la plus importante.

Revenu disponible = revenus primaires – prélèvements obligatoires + revenus de transfert

revenus primaires ↓	prélèvements obligatoires ↓	revenus de transfert ↓
dont revenus de l'activité (salaires, profits), revenus du capital (loyers, intérêts, dividendes)	dont impôts, cotisations sociales	prestations sociales

Le revenu disponible est donc celui qui sera vraiment à la disposition du ménage pour consommer ou pour épargner. Il faudra faire alors un arbitrage pour déterminer la part consacrée à la consommation et celle consacrée à l'épargne.

2) Les propensions moyennes à consommer et à épargner

La propension moyenne à consommer (PMC) désigne la part du revenu qui est consacrée à la consommation (propension = inclination, goût et donc choix).
On part de l'égalité fondamentale : Revenu (R) = Consommation (C) + Épargne (E), sachant que cette égalité correspond aux seules affectations possibles du revenu disponible.

Propension moyenne à consommer (PMC) = $\frac{\text{consommation}}{\text{revenu}}$ ou PMC = $\frac{C}{R}$

L'épargne est la partie non consommée du revenu, donc E = R – C

Propension moyenne à épargner (PME) = $\frac{\text{épargne}}{\text{revenu}}$ ou PME = $\frac{E}{R}$

On a nécessairement PMC + PME = 1 car $\frac{C}{R} + \frac{E}{R} = \frac{C+E}{R} = \frac{R}{R} = 1$

Ce qui signifie que les propensions sont toujours comprises entre 0 et 1. Cependant elles sont transformées en pourcentages.

Exemple : Si les revenus mensuels d'un ménage sont de 3 800 € et que sa consommation s'élève à 2 700 € :

PMC = 2 700/3 800 = 0,71,

ce qui signifie que le ménage utilise 71 % de son revenu pour la consommation. Il est possible d'en déduire que la part consacrée à l'épargne sera de 29 %.

3) Les propensions marginales (à consommer, à épargner)

Lorsque le revenu varie il est intéressant de voir comment vont évoluer la consommation et l'épargne.
Si on appelle ΔR la variation du montant du revenu, ΔC celle de la consommation et ΔE celle de l'épargne.

La propension marginale à consommer = $\frac{\text{variation de la consommation}}{\text{variation du revenu}}$,
soit pmc = ΔC/ΔR

La propension marginale à épargner (pme) = ΔE/ΔR

Et pmc + pme = 1 puisque ΔR = ΔC + ΔE et donc (ΔC/ΔR) + (ΔE/ΔR) = 1.

En reprenant l'exemple précédent, si le revenu du ménage passe à 4 000 € et que la consommation passe à 2 800 € :

ΔR = 200 ΔC = 100,

pmc = 100/200 = 0,5 ce qui signifie que le ménage consacre 50 % de **l'augmentation de son revenu** à la consommation (ou 50 % de son revenu supplémentaire).

L'économiste Keynes a montré que lorsque le revenu augmente, la consommation augmente elle aussi mais en général moins vite que l'accroissement du revenu.

La variation du revenu va donc avoir une influence sur l'arbitrage entre la consommation et l'épargne mais selon quels critères s'effectue cet arbitrage ?

II. Consommer ou épargner ?

1) Définitions et formes prises par la consommation et l'épargne

a) Définition de la consommation

La consommation peut se définir comme le processus de destruction immédiate ou progressive d'un bien ou d'un service à travers son utilisation. Il s'agit ici d'une **consommation finale** (qui ne débouche sur aucun produit nouveau à la différence d'une consommation intermédiaire qui sert à fabriquer d'autres biens). Pour l'économiste il s'agit d'une fonction utilitaire.

b) Les différentes formes de la consommation

Il est possible de distinguer la consommation marchande et la consommation non marchande.

La **consommation marchande** des ménages correspond aux achats de biens et services sur « un marché » en échange d'un paiement.

Les biens consommés peuvent être classés selon leur durabilité. On distingue :

- les biens durables : ceux qui durent plusieurs années comme les meubles, la voiture (l'achat d'un logement par contre est considéré comme un investissement) ;
- les biens semi-durables : ceux qui durent quelque temps, qui permettent une utilisation répétée jusqu'à une usure définitive comme les vêtements, les chaussures ;
- les biens non durables : ceux qui disparaissent dès la 1re utilisation comme la nourriture.

Les services marchands correspondent à des services qui ont un prix et qui sont fournis par des entreprises. Contrairement aux biens, ils ne peuvent pas être « formellement détruits » mais on les utilise jusqu'à disparition de leur usage.

La **consommation non marchande** correspond aux biens et services que les ménages peuvent obtenir sans contrepartie financière. Elle peut se composer :

- de l'autoconsommation c'est-à-dire les biens et services produits par les individus eux-mêmes pour leur propre consommation ;
- des services collectifs non marchands fournis gratuitement par les Administrations publiques (État, collectivités locales, Sécurité sociale) et financés par les prélèvements obligatoires.

On distingue les **services collectifs purs** (police, armée, routes, éclairage public…) dont il est impossible d'identifier précisément les destinataires et les **services collectifs individualisables** où l'on connaît le bénéficiaire.

c) Les définitions de l'épargne

- **Définition générale :** l'épargne est la partie non consommée du revenu. Il s'agit donc d'une renonciation à une satisfaction immédiate en vue d'une satisfaction future. C'est un flux c'est-à-dire une variation au cours d'une période

- **L'épargne forcée :** en France les cotisations de retraite sont une épargne forcée (prélèvement obligatoire sur les salaires). Cependant elles ne sont pas comptabilisées comme telles mais comme une charge venant en déduction des salaires bruts.

d) Les principales formes d'épargne

- **La thésaurisation** : épargne conservée dans un « bas de laine », sous un oreiller, un coffre-fort ou sur un compte à vue. Elle n'est pas réintroduite dans le circuit économique. Cette forme d'épargne ne rapporte pas d'intérêt. Elle n'est pas intéressante car, en cas d'inflation, la somme thésaurisée perd de sa valeur.
- **L'épargne placée** : elle est confiée au système financier et permet de percevoir une rémunération nommée « intérêt » (exemples : livrets de caisse d'épargne, actions, obligations, SICAV).
- **L'investissement** : pour les ménages achat de logements ou de terrains.

2) L'arbitrage entre consommation et épargne

La consommation et l'épargne sont deux variables économiques essentielles. En effet la consommation assure des débouchés aux entreprises, les incite à investir et à embaucher et joue donc un rôle important dans la croissance économique. L'épargne est également importante car elle permet le financement de l'investissement des entreprises favorisant ainsi la croissance.

Consommation et épargne donnent lieu à des arbitrages délicats car l'augmentation de l'une entraîne forcément la diminution de l'autre (puisque l'épargne est la partie non consommée du revenu). Dès lors les États se demandent, si dans leurs politiques, ils doivent favoriser l'épargne ou la consommation.

Les économistes ont essayé de répondre à ce problème en proposant des théories et des modèles.

3) Quels sont les déterminants de la consommation et de l'épargne pour les théoriciens ?

Que vont prendre en compte les agents économiques avant de prendre la décision d'épargner ou non ?

a) Le taux d'intérêt pour les néoclassiques

Pour les économistes classiques, l'élément fondamental qui va expliquer le partage entre la consommation et l'épargne est le taux d'intérêt. Pour un prêteur, le taux d'intérêt représente la rémunération du prêt. Lorsque le taux d'intérêt est **élevé,** cela va inciter les individus à épargner et placer leurs capitaux pour toucher une rémunération intéressante. Cela compense du sacrifice réalisé en renonçant à une certaine consommation présente. Un fort taux d'intérêt présente aussi l'avantage de diminuer la thésaurisation (ou épargne improductive car non placée).

b) Le revenu pour J. M. Keynes

L'économiste J. M. Keynes a montré que les ménages vont d'abord choisir un certain niveau de consommation et l'épargne ne sera que la partie non consommée du revenu. La propension à épargner (ou part) dépendra donc des comportements sociologiques et non d'un calcul économique. Ceux qui ont de faibles revenus épargneront peu ou pas. J. M. Keynes explique également que, lorsque son revenu augmente, un individu va augmenter la part destinée à l'épargne. Une idée fondamentale keynésienne est que « **la propension à épargner augmente avec le revenu** » (parallèlement, la propension à consommer diminue).

Pour Keynes, contrairement aux économistes classiques, ce n'est pas le taux d'intérêt qui expliquera le montant global de l'épargne puisque cette dernière dépend des habitudes et du désir plus ou moins grand de consommer. Le taux d'intérêt n'aura un rôle que pour la forme de l'épargne choisie (épargne liquide c'est-à-dire thésaurisée ou épargne financière c'est-à-dire placée).

En effet, Keynes constate que les individus ont tous tendance à conserver de l'argent liquide et cette préférence pour la liquidité s'explique par trois motifs :

- un motif de **transaction :** la monnaie étant un moyen d'échange, l'individu doit posséder « un fonds de roulement » pour ses achats courants ;
- un motif de **précaution :** pour un événement imprévu, un accident, un coup dur… l'homme peut avoir besoin d'argent immédiatement ;
- un motif de **spéculation** : dans ce cas les taux d'intérêt paient la renonciation, non à la consommation mais à la liquidité. C'est pourquoi plus la préférence pour la liquidité est importante, plus les taux d'intérêt devront être élevés.

c) L'âge pour F. Modigliani

L'économiste **Franco Modigliani** a expliqué l'épargne par une théorie « du cycle de vie ».

Dans la première phase de sa vie active, un individu consommera plus qu'il ne gagne et il va emprunter (acquisition d'un logement, de meubles…). Il sait qu'il pourra rembourser puisque son revenu futur va augmenter. Son taux d'épargne est donc négatif dans cette première période. Par la suite, l'individu progressera dans sa carrière professionnelle et, avec une augmentation de son revenu pourra en consacrer une partie à l'épargne. Le taux d'épargne va dès lors augmenter jusqu'à ce que l'individu atteigne le niveau maximal de ses revenus c'est-à-dire dans les années précédant sa retraite. Une fois retraité, l'individu avec des revenus amoindris utilisera l'épargne accumulée pour sa consommation.

Le taux d'épargne est donc représenté par un schéma sous forme de cloche.

F. Modigliani en arrive donc à la conclusion que l'épargne n'est pas déterminée par le revenu courant.

d) Pourquoi épargner ?

Il existe plusieurs motifs qui vont conduire les ménages à épargner :

- **la consommation différée** : les individus qui prévoient une grosse dépense dans le futur peuvent décider de l'étaler sur plusieurs semaines ou même sur plusieurs mois. L'épargne dans ce cas permet de satisfaire ultérieurement leur désir de consommation ;

- **la précaution** : l'épargne dans ce cas a pour but de pouvoir faire face à des dépenses imprévues, à un événement grave, à des aléas de la vie. Depuis l'apparition de la Sécurité sociale et du développement des assurances, cette épargne de précaution a pu diminuer mais elle reste néanmoins très utile notamment pour ceux qui n'ont pas de revenus réguliers (indépendants, travailleurs en CDD…). En période de crise économique l'épargne de précaution augmente toujours ;
- **la prévoyance** : épargner peut être un moyen de préparer des dépenses futures déjà planifiées (impôts, études supérieures des enfants…) ou de prévoir des pertes de recettes (retraite) ;
- **la spéculation :** il s'agit de réaliser un placement dans l'espoir d'en récolter un gain (revente à un prix plus cher) mais également d'attendre avant d'acheter un bien dont on prévoit que le prix va baisser ;
- l'envie de se constituer un patrimoine ;
- le placement pour obtenir des ressources supplémentaires sous forme d'intérêts.

III. Quelle est l'influence du revenu sur la consommation ?

1) Le revenu est une contrainte

Le niveau de revenu disponible représente la **contrainte principale** pour pouvoir consommer. Un ménage dont le revenu est faible va devoir le dépenser entièrement pour satisfaire ses besoins primaires : se nourrir, se vêtir, se loger. Il pourra dépenser 100 % de son revenu sans avoir accès aux produits de luxe et sans pouvoir épargner.

2) Comment évolue la consommation en cas de variation du revenu ?

- En règle générale « la consommation est une fonction croissante du revenu » ce qui signifie qu'elle augmente quand le revenu augmente.
- Cependant la consommation augmente moins vite que le revenu car le ménage peut décider d'épargner une partie du surplus de revenus (d'où l'intérêt du calcul des propensions).
- D'autre part l'augmentation du revenu n'entraîne pas un accroissement de la consommation de tous les produits dans les mêmes proportions. C'est pourquoi il sera intéressant de faire appel au calcul des élasticités-revenus. Parfois même, pour certaines consommations, l'influence du revenu peut même être inexistante.

3) Les différences d'évolution de la consommation selon les produits : l'élasticité de la consommation par rapport au revenu

Quand son revenu varie à la hausse (ou à la baisse) l'individu va modifier sa consommation mais tous les produits et services ne subiront pas les mêmes

évolutions suivant l'importance qu'on leur accorde. Par exemple, lorsque son revenu augmente, l'homme ne va sans doute pas consommer davantage de lait. Par contre il dépensera davantage pour ses loisirs. C'est pourquoi il est intéressant d'étudier l'élasticité c'est-à-dire la **sensibilité**, les réactions diverses du consommateur par rapport aux variations de son revenu.
L'élasticité de la consommation par rapport au revenu, appelée également « élasticité-revenu » (e_r), se calcule de la manière suivante :

$$e_r = \frac{\text{variation de la consommation en \%}}{\text{variation du revenu en \%}}$$

$$\text{ou } e_r = \frac{\text{variation relative de la consommation}}{\text{variation relative du revenu}}$$

$$e_r = \frac{\text{variation absolue de la consommation / montant initial de la consommation}}{\text{variation absolue du revenu / montant initial du revenu}}$$

en sachant que la variation de la consommation en % = Δ C/C,
et la variation du revenu en % = Δ R/R puisque R = revenu ; C = consommation ; Δ R = variation du revenu ; Δ C = variation de la consommation.
Il est possible de calculer une élasticité pour chaque grand type de produits et même pour chaque bien. Les résultats du calcul permettent de cerner plusieurs catégories de biens :

Si $e_r > 1$	La consommation augmente relativement plus vite que le revenu (exemple : revenu + 5 % et consommation + 10 %). Il y a alors une **forte élasticité**. C'est le cas des **biens supérieurs**. *Exemples : santé, loisirs, produits de luxe.*
Si $0 \leq e_r \leq 1$	La consommation augmente relativement moins vite que le revenu (exemple : revenu + 5 % et consommation + 2 %). Il y a alors une **faible élasticité**. C'est le cas des **biens normaux (ou courants)**. *Exemples : chaussures, viande.*
Si $e_r < 0$	La consommation diminue quand le revenu augmente. C'est le cas des **biens inférieurs**. *Exemples : produits bas de gamme, de mauvaise qualité, également produits de base substituables : margarine, riz, pâtes, pommes de terre.*

IV. Quelle est l'influence du prix sur la consommation ?

1) Les tendances générales et les exceptions

Le prix est un élément essentiel dans la considération d'achat. En général, si le prix est bas (ou diminue), la consommation est forte (ou augmente). Au contraire, si le prix est élevé (ou augmente), la consommation est faible (ou diminue). Il existe cependant deux exceptions :

- l'effet de snobisme (ou effet Veblen cf. chapitre suivant, p. 32) : pour les produits de luxe la consommation peut même augmenter avec le prix si l'individu veut « épater les autres » ;
- l'effet **Giffen :** les biens Giffen sont les biens de première nécessité (pain, riz...) et la hausse de leur prix engendre paradoxalement une hausse de leur consommation chez les pauvres. En effet cette augmentation de prix va entraîner une baisse du pouvoir d'achat qui rendra l'accès aux produits plus luxueux encore plus difficile.

Cependant lorsque le prix varie, les répercussions sur la consommation peuvent être différentes selon les produits d'où l'intérêt des calculs d'élasticité.

2) Les différences d'évolution de consommation selon les produits : l'élasticité de la demande par rapport au prix

En général quand le prix d'un bien augmente, sa consommation diminue. Toutefois selon les produits, les réactions du consommateur peuvent être plus ou moins fortes. C'est pourquoi il est intéressant de calculer la **sensibilité** de la consommation en cas de variation de prix c'est-à-dire **l'élasticité-prix** notée e_p. Celle-ci est souvent négative (puisque la quantité demandée et les prix évoluent en sens opposé).

$$\text{Élasticité-prix } (e_p) = \frac{\text{variation de la consommation en \%}}{\text{variation du prix en \%}}$$

$$e_p = \frac{\text{variation absolue de la consommation / consommation initiale}}{\text{variation absolue du prix / prix initial}}$$

en sachant que la variation de la consommation en % = Δ C/C,
et la variation du prix en % = Δ P/P, puisque C = consommation ; P = prix et Δ C = variation de la consommation et Δ P = variation du prix.

Si $e_p \leq -1$	La demande est très élastique, sensible. Une légère hausse des prix entraîne une forte baisse de la consommation ou inversement une légère baisse de prix entraîne une forte hausse de la consommation. C'est le cas des produits de luxe.
Si $e_p > -1$	La demande est rigide ou inélastique. Les hausses ou baisses de prix ont peu d'influence sur la consommation. C'est le cas des produits indispensables.

V. L'évolution du pouvoir d'achat dans le temps et ses différents effets sur le niveau et la structure de la consommation

1) Définition du pouvoir d'achat

Le pouvoir d'achat est la quantité de biens et services que l'on peut acquérir avec son revenu. Quand son salaire augmente, un individu n'aura pas nécessairement la possibilité de se procurer davantage de biens ou de services si les prix augmentent également. En fait il y aura hausse du pouvoir d'achat uniquement si le revenu augmente plus vite que le niveau des prix.

2) L'évolution du revenu et du pouvoir d'achat jusqu'au début du XXe siècle

- Entre l'an 1000 et 1800 le revenu des Français ne fut multiplié que par deux. La consommation était faible et surtout consacrée à l'alimentation.
- Le progrès technique et la Révolution industrielle vont permettre au XIXe siècle d'augmenter les revenus et donc la consommation. Celle-ci va se diversifier progressivement.

En 1857 le statisticien **Ernst Engel** établit une loi économique (connue sous le nom de **loi d'Engel)** qui mentionne que lorsque le revenu s'accroît, la part de la consommation consacrée à l'alimentation diminue.
Cette idée peut se généraliser et s'expliquer par le fait que les individus classent leurs besoins sur une échelle de priorité et, une fois que leurs besoins fondamentaux (se nourrir, se vêtir, se loger) sont satisfaits, ils peuvent consacrer leurs revenus à d'autres consommations moins indispensables voire superflues.

3) La période des « Trente Glorieuses »

Après la Seconde Guerre mondiale le progrès technique et le fordisme vont permettre une production de masse (avec une baisse des prix liée à la standardisation). La croissance est alors très forte. À partir de 1949 le pouvoir d'achat des ménages même modestes va beaucoup augmenter et l'on va assister à une véritable « explosion » de la consommation. C'est l'époque de **« la fièvre acheteuse** » s'accompagnant d'une « moyennisation de la Société » (selon Henri Mendras). Le fait majeur de l'époque est la diffusion des **biens de consommation durables** (réfrigérateurs, TV, machines à laver...). Le confort se généralise et les inégalités diminuent entre les catégories sociales.
L'État providence, d'autre part, a mis en place un salaire minimum, une protection sociale qui permettent, avec les revenus de transferts, d'augmenter encore la consommation et d'en modifier la structure (hausse notamment des dépenses de loisirs).

4) À partir des années de crise de la fin du XXe siècle

Avec la crise et le développement du chômage, quelques changements vont apparaître. Si les inégalités s'étaient réduites pendant les Trente Glorieuses, elles vont s'aggraver de nouveau pour les plus vulnérables avec la précarisation de l'emploi et le chômage de longue durée. Une « nouvelle pauvreté » va s'installer, ayant bien sûr des répercussions sur la consommation mais cependant moins fortes ou moins visibles que celles qui étaient prévues. En effet, la structure de la consommation va peu se modifier. Les ménages, même en cas de baisse de revenus, voulant garder leur standing et leur niveau de consommation antérieur, vont d'abord puiser dans leur épargne pour maintenir leurs habitudes. Puis, si cela est insuffisant, ils emprunteront, risquant d'aller jusqu'au surendettement. Les inégalités se traduisent davantage par la qualité des produits consommés que par la quantité.

5) La mesure de la structure de la consommation à travers les coefficients budgétaires

Les coefficients budgétaires mesurent la part d'un type de dépense (ou poste budgétaire) d'un ménage (ou d'un groupe) dans l'ensemble de ses dépenses.

Exemple : coefficient budgétaire de l'alimentation = $\frac{\text{dépenses alimentaires}}{\text{total des dépenses}}$.

Ces calculs permettent d'analyser l'évolution de la structure de la consommation au cours des années et de faire d'intéressantes comparaisons.

Conclusion

Les revenus et les prix ont donc une grande influence sur les choix des individus qui vont devoir effectuer plusieurs arbitrages.

- Dans un premier temps ils vont devoir choisir quelle part de leur revenu sera consommée et quelle part ils consacreront à l'épargne. Ils devront faire un nouvel arbitrage à chaque variation de revenu.
- En ce qui concerne la consommation, les revenus et les prix vont pouvoir la faire évoluer en quantité comme en qualité. Certains produits seront très sensibles à une variation de revenu ou de prix (les produits très élastiques) alors que d'autres non (inélastiques).
- Si les individus décident d'épargner, leur revenu aura une influence sur la part qui sera consacrée à l'épargne mais aussi sur le choix de la forme prise par cette épargne (placement rémunérateur mais risqué ou au contraire plus sûr mais moins rémunérateur).

Finalement les choix sont multiples. Dans l'arbitrage entre consommation et épargne mais aussi dans les différentes structures de consommation et formes d'épargne de nombreux facteurs peuvent avoir une influence : le revenu et le prix des biens évidemment mais aussi le prix des autres biens, l'âge, le pessimisme ou l'optimisme de l'individu…

EN SAVOIR PLUS

Un auteur : Ernst Engel

Statisticien prussien (1821-1896). En 1850 il crée l'office saxon des statistiques. Il fut le premier à étudier avec précision l'évolution des budgets des familles de Saxe. À partir de calculs il a établi des régularités entre la répartition de la consommation et la variation du revenu et cela lui a permis de formuler la loi suivante : « Plus une famille est pauvre, plus importante est la part des dépenses totales qu'elle doit utiliser pour se procurer sa nourriture ».

Œuvre principale : *Étude des budgets des familles (1857 et complétée en 1895)*

Un auteur : John Maynard Keynes

Économiste anglais (1883-1946) qui tient une place majeure dans l'Histoire économique. Son œuvre est marquée par les conséquences de la crise de 1929, qui ont entraîné un « sous-emploi durable ». Il a montré que l'économie ne pouvait pas se rééquilibrer spontanément et c'est pourquoi il préconise l'intervention de l'État. Il accorde un rôle primordial aux anticipations c'est-à-dire aux prévisions des entreprises car ce sont celles-ci qui vont déterminer le niveau de production et donc le niveau de l'emploi. En ce qui concerne la consommation J. Keynes pense que celle-ci augmente avec le revenu mais que sa part diminue (la part épargnée augmente par contre avec le revenu). J. Keynes a inspiré de nombreuses politiques économiques après la Seconde guerre mondiale.

Son œuvre principale : « *Théorie générale de l'emploi, de l'intérêt et de la monnaie » (1936)*

Un auteur : Franco Modigliani

Économiste américain d'origine italienne (1918-2003). Prix Nobel d'économie en 1985 pour ses travaux consacrés à l'épargne et aux marchés financiers. Il a analysé un modèle de cycle de vie de l'individu où chacun arbitre entre consommation et épargne en fonction de l'appréciation de ses revenus à venir compte tenu de sa tranche d'âge.

Œuvre principale *The cost of capital, corporation finance and the theory of investment (1958)*

CURIOSITÉ, ANECDOTE

Le développement des magasins « maxi-discompte » (ou *hard discount*)

La formule est née en Allemagne et elle n'est apparue en France qu'en 1988 avec l'implantation d'enseignes allemandes comme Aldi ou Lidl. Par la suite des enseignes françaises telles que Leader Price ou Ed ont été créées. Ces magasins fonctionnent avec des prix cassés, un nombre de références limité et des surfaces ressemblant à des entrepôts. Près de 70 % des foyers fréquentent ce type de magasins et pas uniquement les ménages pauvres. Ses clients apprécient les prix, la philosophie ne cherchant pas toujours à pousser à la dépense, la proximité mais également certains produits de très bonne qualité (avec moins de sucre ou de graisse). Pouvant réaliser des économies, le consommateur **« paye content et comptant ! »**

LES MOTS CLÉS

- **Taux d'équipement d'un bien :**

$$\frac{\text{nombre de ménages possédant ce bien}}{\text{nombre total de ménages}}$$

x 100

(À ne pas confondre avec la notion de coefficient budgétaire.)

- **Inflation :** augmentation du niveau général des prix.

1. Les pourcentages

Les pourcentages de répartition

But : Faire une comparaison de deux données statistiques

Valeurs absolues et valeurs relatives

- Les données économiques et sociales peuvent se présenter en **valeurs absolues** c'est-à-dire exprimées en unités : nombre, quantité, euros... Mais l'appréciation est très complexe quand il s'agit de faire des comparaisons dans le temps ou dans l'espace. C'est pourquoi il est fait appel aux grandeurs relatives.
- **Les valeurs relatives** sont exprimées en pourcentages (%), parfois en « pour mille » (‰) pour les taux concernant la démographie (ex : taux de natalité ou de fécondité).

L'utilisation des pourcentages de répartition

Les pourcentages de répartition permettent de montrer la part que représente une partie dans un ensemble, ils permettent de calculer une proportion, ils peuvent exprimer la fréquence d'apparition d'un phénomène (fréquence relative).

Plusieurs formules équivalentes peuvent être utilisées :

$$\text{Proportion} = \frac{\text{sous-ensemble étudié (ce que je compare)}}{\text{ensemble étudié (ce à quoi je compare)}} \times 100.$$

La part d'une partie A dans le tout E est :

$$\frac{\text{nombre d'éléments de A}}{\text{nombre d'éléments de E}} \times 100 = \frac{\text{partie}}{\text{tout}} \times 100.$$

Exemple : Un homme qui a 2 000 € de revenu mensuel dépense 1 700 €. Quel pourcentage de son revenu épargne-t-il ?

P = 300/2 000 × 100 = 15 soit 15 % de son revenu.

À partir de cette formule, trois types d'exercices peuvent être proposés :

- total connu, part connue ➔ pourcentage à trouver ;
- total connu, pourcentage connu ➔ part à trouver ;
- part connue, pourcentage connu ➔ total à trouver.

⚠ **N'oubliez pas qu'un pourcentage de répartition est toujours compris entre 0 et 100 %**

Les pourcentages de pourcentage

Quand 3 ensembles A, B et E sont inclus les uns dans les autres, la part de A dans E est égale au produit de la part de A dans B par la part de B dans E.

Exemple : Dans l'exemple précédent le pourcentage épargné se compose pour 60 % d'argent déposé à la Caisse d'Épargne. La part de l'argent placé à la caisse d'épargne dans son revenu total sera donc de 0,15 × 0,6 = 0,09 ce qui signifie que l'homme met 9 % de son revenu à la caisse d'épargne soit 2 000 × 0,09 = 180 €.

Addition de pourcentages

Il est possible d'additionner des pourcentages mais uniquement quand les parties portent sur le même ensemble de référence et n'ont pas d'éléments en commun.

Pourcentages de variation

Les pourcentages de variation (ou d'évolution) servent à analyser les variations relatives d'une grandeur économique ou sociale au cours du temps. Ces évolutions peuvent être positives (augmentation) ou négatives (diminution).
Définition : Soit x une variable numérique positive prenant pour valeur x_0 à la date t_0 et pour valeur x_1 à la date t_1. Le pourcentage d'évolution de la variable x de la date t_0 à la date t_1 est le nombre p défini par :

$p = \frac{x_1 - x_0}{x_0} \times 100$ Le pourcentage est noté p %

Cette formule est équivalente à la formule suivante :

$$p = \frac{\text{valeur d'arrivée} - \text{valeur de départ}}{\text{valeur de départ}} \times 100$$

⚠ **Contrairement au pourcentage de répartition, un pourcentage d'évolution peut être supérieur à + 100 %. Par contre en cas de baisse, la diminution maximale est de – 100 % pour un bien qui perdrait la totalité de sa valeur.**

Exemple : un commerçant solde un produit qui valait 12 € et le vend 8,50 €. Le taux de variation du prix du produit sera : $\frac{8,5 - 12}{12} \times 100 = -29,17$ ce qui signifie que le prix du produit a diminué de 29,17 %.

Le coefficient multiplicateur

Le coefficient multiplicateur (cm) est le nombre par lequel il faut multiplier la valeur de départ x_0 pour obtenir la valeur finale x_1.
$\mathbf{x_1 = x_0 \times cm}$ et $\mathbf{cm = x_1/x_0}$
Pour arriver à exprimer le coefficient multiplicateur partons d'un exemple.
Une ville avait une population de 53 000 habitants. Sa population augmente de 4 %.
Évolution de la population = 4/100 × 53 000 = 2 120 habitants et donc :
nouvelle population : 53 000 + 2 120 = 55 120 habitants.
Il est possible d'écrire aussi que la nouvelle population = 53 000 + 4/100 (53 000).
Soit 53 000 (1 + 4/100) (1 + 4/100) est le coefficient multiplicateur par lequel il faut multiplier la population initiale pour arriver à la population finale.
À partir de cet exemple, il est donc possible d'énoncer la définition générale suivante :

> Si une variable numérique positive x subit un pourcentage d'évolution égal à p % à partir d'une valeur x_0, sa nouvelle valeur x_1 sera : $x_0 + p/100\, x_0$ soit $x_0\, (1 + p/100)$.

Le nombre 1 + p/100 est appelé coefficient multiplicateur.
Donc augmenter un nombre de p % revient à le multiplier par 1 + p/100
Exemple : Augmenter un nombre de 10 % revient à le multiplier par 1,1.
Augmenter un nombre de 42 % revient à le multiplier par 1,42.
Le calcul, une fois que le mécanisme est compris, se réalise très vite. Au début il peut être utile de faire l'opération 1 + 42/100 = 100/100 + 42/100 = 142/100 = 1,42.
De même **pour diminuer un nombre de p % il suffit de le multiplier par 1 – p/100**.
Exemple : Diminuer un nombre de 10 % revient à le multiplier par 0,9.
Diminuer un nombre de 42 % revient à le multiplier par 0,58.
(1 – 42/ 100 = 100 / 100 – 42 / 100 = 58 / 100 = 0,58)

✷ Exercice 1 : Vrai/Faux

A. Quand leurs revenus augmentent, les ménages diminuent les sommes dépensées pour l'alimentation.
Vrai/Faux

B. Pour J. M. Keynes l'accroissement de la consommation est égal à celui du revenu.
Vrai/Faux

C. Le budget d'un ménage signifie son revenu.
Vrai/Faux

D. Quand le revenu augmente, un accroissement du coefficient budgétaire correspondant aux dépenses de loisirs correspond toujours à une consommation accrue dans les loisirs.
Vrai/Faux

E. Payer des cotisations sociales est en quelque sorte une façon d'épargner.
Vrai/Faux

✷ Exercice 2

Est-il possible de consommer sans revenu ? Expliquez.

✷✷ Exercice 3

Un salarié qui gagne 2 000 € voit son salaire amputé de 20 %. Par combien faudra-t-il l'augmenter ensuite pour qu'il retrouve sa rémunération de départ ?

✷✷ Exercice 4

Un produit dont la consommation augmente peut-il voir son coefficient budgétaire diminuer ? Pourquoi ?

✷✷ Exercice 5

Pourquoi l'emprunt peut-il encourager l'épargne ?

✷✷ Exercice 6

Lorsque le revenu augmente, la part en pourcentage du budget consacré à l'achat de sucre diminue. Que peut-on affirmer sur la propension marginale à consommer du sucre ?

✷✷ Exercice 7

En 4 ans le prix d'un produit A a connu l'évolution suivante : une hausse de 7 % ; puis une baisse de 4 % ; puis une augmentation de 5 % ; et enfin une baisse de 3 %.

Quel a été le taux de variation du prix de ce produit en 4 ans ?

*** Exercice 8

Pour quel type de ménage l'épargne est-elle particulièrement élastique par rapport au taux d'intérêt ? Expliquez.

*** Exercice 9

a) Le produit A coûte 50 €. Son prix augmente de 10 % et ses ventes passent de 1 000 à 750 unités. Calculez l'élasticité-prix. Que pouvez-vous en conclure ?

b) Le produit B coûte également 50 €. Son prix augmente lui aussi de 10 % mais ses ventes ne diminuent que de 2 %. Calculez l'élasticité-prix. Que pouvez-vous en conclure ?

Vers le bac

Exercice d'approfondissement

Le but est d'étudier la réaction des consommateurs face à la baisse du prix de 3 biens différents.

Un économiste constate une baisse de 1 € sur 3 biens : le kilo de dinde, une robe et un voyage. Il veut mesurer la réaction du consommateur face à cette baisse. À partir des données qu'il possède il va bâtir un tableau où il effectuera ensuite les calculs nécessaires pour pouvoir faire ses conclusions.

	Prix initial (p1) en euros	Prix nouveau (p2) en euros	Quantité initiale vendue (Q1)	Quantité nouvelle vendue (Q2)
Dinde (le kg)	10	9	1 000	1 050
robe	40	39	500	512
voyage	500	499	100	101

1. Complétez le tableau suivant pour arriver au calcul de l'élasticité prix.

	Baisse des prix absolus	Variation du prix en %	Variation absolue de la quantité vendue	Variation de la quantité en pourcentage
Dinde (le kg)				
robe				
voyage				

2. Calculez les élasticités prix.

3. Que pouvez-vous en conclure ?

Corrigé des exercices

La sensibilisation

Étape 1

1. Chaque mois les individus peuvent dépenser leurs revenus qui peuvent avoir des origines diverses (cf. analyse). Il peut s'ajouter parfois à cela des ressources exceptionnelles comme les gains aux jeux, les primes exceptionnelles…
2. Certains dépensent tout leur revenu alors que d'autres en mettent une partie de côté (épargne). L'épargne peut avoir plusieurs motifs (cf. analyse).

Étape 2

1. Pourcentage épargné : 7/47 × 100 = 14,89 soit 14,89 % est épargné (donc 85,11 % est consommé).
2. Louis peut décider de :
   – dépenser tout le surplus ;
   – garder ou épargner tout le surplus;
   – épargner une partie du surplus et dépenser le reste.
3. Montant épargné 7 + 2 = 9 d'où la part (en %) 9/50 × 100
   Montant dépensé 40 + 1 = 41 d'où en % 41/50 × 100.
4. Le calcul est possible et sera expliqué dans l'analyse.
5. Part dépensée 40/50 × 100 soit 80 % est dépensé.
   Part épargnée 10/50 × 100 soit 20 % est épargné.
6. Comme les prix ont augmenté mais pas son argent de poche, Louis ne peut plus mettre de l'argent de côté. Il s'est donc appauvri et son pouvoir d'achat a diminué.

Étape 3

Les sommes non dépensées peuvent être épargnées sous différentes formes. L'argent dans la tirelire n'est pas une épargne très intéressante car il ne rapporte pas d'intérêt. L'avantage d'une épargne placée (à la banque ou sur le marché financier) est qu'elle permet de toucher un revenu du capital (cf. analyse). L'épargne peut être aussi réalisée par précaution ou par anticipation d'un gros achat ultérieur. Dans ce cas elle est « rassurante ».

Étape 4

Selon les biens et services, le consommateur sera plus ou moins « sensible » aux variations de prix et augmentera (ou diminuera) plus ou moins sa consommation. En effet, pour les biens indispensables, il sera peu sensible aux variations de prix et sa consommation sera peu influencée par un changement de prix (exemple : l'essence mais aussi les produits alimentaires de base). Par contre une hausse du prix d'un bien non indispensable pourra entraîner une forte chute de sa demande. C'est pourquoi le calcul des « élasticités » est très intéressant (cf. analyse).

Étape 5

Le dessin veut mettre en évidence la notion de pouvoir d'achat (cf. analyse) et traduit le fait que celui des individus a tendance à diminuer (avec l'inscription qu'il est en vacances ce qui ôte l'idée d'effort). Le prix de l'essence (qui augmente souvent) semble être le facteur responsable de la baisse du pouvoir d'achat qui se traduit dans le dessin par le caddy qui devient très petit (car l'homme ne peut plus acheter grand-chose).

Les exercices

Exercice 1

Question	Réponse	Commentaire
A	Vrai	
B	Faux	Pour Keynes, la consommation augmente moins vite que le revenu
C	Faux	Budget = part du revenu consacrée à la consommation
D	Vrai	
E	Vrai	C'est une épargne forcée

Exercice 2

Consommer sans revenu est réalisable mais dans certains cas bien précis : si l'on dispose d'une épargne préalable et que l'on se sépare d'une partie de celle-ci ; si l'on vend un élément de son patrimoine ; si l'on reçoit un bien en cadeau ; si l'on demande un crédit (emprunt).

Exercice 3

Si un salarié gagnant 2 000 € voit son salaire amputé de 20 %, son nouveau salaire sera de 2 000 × 0,8 = 1 600 €. Il ne faut pas tomber dans le piège en pensant qu'en le raugmentant de 20 % il retrouvera le montant initial. En effet 1 600 × 1,20 = 1 920 €.

En fait pour retrouver la rémunération de départ : 2 000/1 600 = 1,25 c'est-à-dire qu'il faut raugmenter son salaire de **25 %**.

Exercice 4

Il faut bien différencier la variation absolue (en euros par exemple) et la variation relative (en pourcentages). En général lorsque le revenu augmente, la consommation s'accroît également mais la part consacrée à chaque poste budgétaire peut changer. Par exemple, si le revenu augmente de 100 €, la part consacrée à l'alimentation peut augmenter de 5 € mais diminuer en pourcentage par rapport à la part consacrée aux loisirs, aux biens de luxe. C'est l'explication de la loi d'Engel.

Exercice 5

Il est possible de donner deux argumentations à cette question.

- 1er argument : Les ménages qui ont besoin de financer un achat important peuvent décider d'épargner dans un 1er temps et repousser leur achat, ou à l'inverse acheter à crédit c'est-à-dire consommer ou investir tout de suite (cas du logement) et épargner plus tard pour rembourser. En effet, pour pouvoir payer ses dettes il sera nécessaire, après la satisfaction procurée par l'achat, de penser à faire des sacrifices et épargner c'est-à-dire de réduire sa consommation pour rembourser (avec des intérêts) les emprunts contractés.
- 2e argument : pour pouvoir accorder un prêt, de nombreuses banques exigent que l'emprunteur ait un apport personnel et que l'achat ne soit pas financé entièrement par le crédit. C'est pourquoi les individus épargnent d'abord pendant une certaine période pour obtenir ensuite un prêt. C'est d'ailleurs le principe de l'épargne logement.

Exercice 6

La propension marginale de sucre va être la part du revenu supplémentaire consacrée à cet achat. Comme cette part diminue, il est possible d'affirmer que la propension marginale sera **inférieure** à la propension moyenne (ou part du revenu initial consacrée au sucre).

Exercice 7

Appelons P le prix de départ :
$P \times 1{,}07 \times 0{,}96 \times 1{,}05 \times 0{,}97$ d'où $P \times 1{,}0462$ ce qui signifie que le prix du produit a augmenté de **4,62 %** en 4 ans.

Exercice 8

Pour les néoclassiques l'épargne est fonction du taux d'intérêt et quand ce dernier est élevé, cela incite les ménages à limiter leur consommation pour épargner et toucher une rémunération jugée intéressante.
Cependant ce mécanisme est surtout valable pour les ménages « aisés ». En effet les plus pauvres ne peuvent restreindre leur consommation qui est déjà limitée par leur faible revenu. Leur propension à consommer est donc forte et

ils ne peuvent rien consacrer (ou presque) à l'épargne même si le taux d'intérêt est très rémunérateur. Les inégalités ainsi augmentent.

Exercice 9

1. $e_p = \frac{-250/1000}{5/50} = -0{,}25/0{,}1 = \mathbf{-2{,}5}$ (avec Δ C/C au numérateur et Δ P/P au dénominateur).

– 2,5 < – 1 donc ce produit est très élastique. En effet une hausse de 10 % de son prix va entraîner une baisse de sa consommation de 25 %. Le produit A n'est donc pas un produit indispensable.

2. $e_p = \frac{-0{,}02}{0{,}1} = \mathbf{-0{,}2}$

– 0,2 > – 1 donc ce produit n'est pas élastique. Sa consommation ne change presque pas même lorsque le prix augmente. Le produit B est donc un bien indispensable ou de 1re nécessité.

Vers le bac

1.

	Baisse des prix absolus Δ p = p2 – p1	Variation du prix en % (X) Δ p/p1	Variation absolue de la quantité vendue Δ Q = Q2 – Q1	Variation de la quantité en pourcentage (Y) ΔQ/Q1
Dinde (le kg)	– 1	– 10	+ 50	+ 5
robe	– 1	– 2,5	+ 12	+ 2,4
voyage	– 1	– 0,2	+ 1	+ 1

2. Calcul des élasticités prix : e = Y/X (à partir des données du tableau ci-dessus) :
- dinde : e = 5/– 10 = **– 0,5**
- robe : e = 2,4/– 2,5 = **– 0,96**
- voyage e = 1/– 0,2 = **– 5**

3. Il ne faut pas considérer uniquement la variation des quantités en pourcentage (+ 5 % pour la dinde et 1 % seulement pour les voyages) car la variation de prix en pourcentage n'a pas été la même (1 € ne représente que 0,2 % pour le voyage contre 10 % pour la dinde).

La demande de voyage est beaucoup plus élastique que les deux autres (à rapprocher des lois d'Engel). Le voyage est considéré comme un luxe, moins utile que la nourriture.

Il s'ajoute à cela un effet psychologique. Vous remarquerez que, dans les magasins les prix affichés sont souvent 9,90 €, 99 €, 499 €. L'individu a l'impression de payer moins cher lorsqu'il se fixe des seuils (il verra surtout le 1er chiffre du prix).

2 La consommation, un marqueur social ?

SENSIBILISATION

Étape 1 : Question de réflexion

Lorsque l'on demande à un individu ce qui motive ses choix de consommation, il peut avoir du mal à répondre. Il va souvent mettre en avant le prix, son revenu, l'utilité du bien ou service consommé, ses goûts personnels. Mais ces critères sont-ils véritablement les principaux moteurs des achats ?

En observant les dessins ci-dessus les consommations ou dépenses engendrées sont-elles liées à l'utilité ? Que veulent-elles exprimer ?

Étape 2 : Les critères de choix pour l'achat des vêtements

Lorsque vous achetez des vêtements souhaitez-vous :
- le prix le plus bas ?
- le confort ?
- la simple utilité ?
- imiter votre star préférée ?
- avoir la même tenue que vos amis, votre bande, vos camarades ou collègues pour montrer votre appartenance à ce groupe ? Montrer votre âge ?
- vous différencier d'autres jeunes que vous n'appréciez pas ?
- vous différencier de vos parents et/ou des autres adultes ?
- indiquer votre origine sociale ? La profession ou le statut de vos parents ?
- montrer que vous êtes élégant, chic, « riche » en portant des « marques coûteuses » ?
- afficher votre supériorité, votre envie de paraître face à des individus qui ne pourront que vous admirer ?
- indiquer que vous êtes un précurseur dans la mode ?
- parfois choquer en arborant des tenues jugées provocantes ?

– faire passer un message aux autres ? (Mais lequel et à qui ?)

Finalement les critères de choix de nos vêtements ne sont-ils pas nombreux et complexes ? Quel est le rôle des facteurs sociologiques ? Notre place dans la société (ou celle que nous voudrions avoir) n'est-elle pas un critère essentiel ?

Les questions sur les vêtements ne sont-elles pas les mêmes pour de nombreuses consommations ? Quelle est l'influence de notre environnement social et culturel ?

Étape 3 : La pyramide des besoins de A. Maslow

À partir de vos connaissances personnelles et de la pyramide ci-dessous :

1. Pour vous qu'est-ce qu'un besoin ?

2. Quels sont ceux que l'individu va essayer de satisfaire en 1er et pourquoi ?

3. Quels sont les « besoins secondaires » pour A. Maslow. En quoi consistent les besoins d'appartenance, d'estime, de réalisation ? Pourquoi sont-ils importants ?

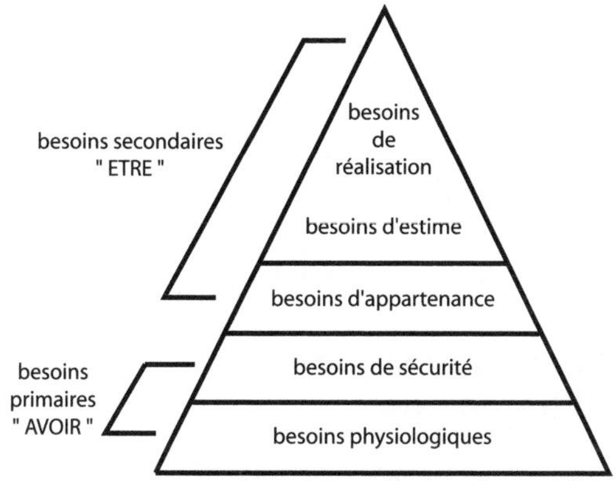

LA PYRAMIDE DES BESOINS SELON MASLOW

Étape 4

Catégorie socio-professionnelle	Salaire net annuel moyen en euros courants	Possession d'un micro-ordinateur En %	Connexion à internet En %
employés	18 390	71,3	57
ouvriers	18 560	63,5	47,7

INSEE, 2007.

Si vous deviez analyser ce tableau :

1. Quels constats feriez-vous ?

2. Quelles explications donneriez-vous ?

Étape 5 : Citations sur la publicité

« À force d'appeler ça ma vie, je vais finir par y croire. C'est le principe de la publicité. »

Auguste Detœuf

« La publicité, c'est la gloire du riche. La gloire, c'est la publicité du pauvre. »

Samuel Beckett

1. Que pensez-vous de ces citations ?
2. Quelle est l'influence de la publicité ? Arrive-t-elle à nous manipuler ?
3. Le pauvre ne cherche-t-il pas également la gloire et comment peut-il arriver à « s'afficher » ?

ANALYSE

Pour le sociologue, la consommation d'un bien ou d'un service ne se limite pas à son aspect utilitaire mais représente aussi un signe et un symbole. En consommant l'individu va faire passer des messages. Mais lesquels et pourquoi ? En est-il conscient et jusqu'où ? L'individu consomme-t-il pour se « marquer socialement » ou, à l'inverse, ses choix de consommation révèlent-ils son appartenance sociale ? Si nos choix n'étaient que le résultat de nos goûts personnels, trouverions-nous des réalités statistiques ?
D'autre part le consommateur n'est-il pas influencé par la mode et la publicité ? Jusqu'où va cette influence ?
Les mentalités n'évoluent-elles pas cependant ?

I. Des choix de consommation socialement différenciés

1) La consommation : moyen de se distinguer socialement

a) La consommation comme symbole ou effet de signe

Pour le sociologue Jean Baudrillard, le produit consommé est souvent un signe par lequel le consommateur cherche à montrer sa position sur l'échelle sociale ou celle à laquelle il aspire. La consommation est un langage où l'individu cherche à donner une image de sa personnalité en affirmant ses préférences. Il va se dégager des « normes » et, ne pas les suivre, risque de marginaliser l'individu de son groupe. Par exemple certaines marques représentent pour les jeunes un système de reconnaissance. Le consommateur vit par le regard des autres, certains biens possédés n'auront pas de valeur utilitaire mais auront uniquement pour but de montrer que l'on appartient à une catégorie sociale ou à un groupe spécifique. Dans ce cas la **conformité** est nécessaire pour se faire accepter.

b) L'effet de snobisme et la consommation ostentatoire

L'économiste T. Veblen, dès 1899, va montrer que, puisque la motivation principale de la consommation est d'émettre des signes, elle va devenir une

consommation ostentatoire faite de gaspillages et d'excès afin de montrer son statut social, son prestige, son pouvoir, son bon goût… Le but est « d'épater » les autres et de susciter l'envie en possédant des produits de luxe, en ayant des domestiques… C'est **« la vie aux grands airs ! »** Pour T. Veblen, la réussite passe notamment par l'oisiveté et l'affichage de ses loisirs car ces derniers, dans toutes les sociétés, traduisent richesse et supériorité (il existe d'ailleurs une « classe de loisirs » où le travail est dévalorisé et où ceux qui font partie de la haute société vivent de leurs rentes, de l'accumulation de leur capital).
De nos jours, même si les dirigeants se sont transformés, le snobisme et la consommation ostentatoire existent toujours (marques prestigieuses…).

c) Effet de distinction et effet d'imitation

L'économiste américain J. Duesenberry, pour expliquer le comportement du consommateur, a mis en avant un **« effet de démonstration »**. Pour lui, des groupes sociaux « leaders » (cadres, professions libérales…) vont être les premiers à adopter les produits nouveaux. Par cette consommation, ils vont pouvoir affirmer leur haute position sociale et **« se distinguer »** des autres. Ils sont jugés « modernes » puisqu'ils connaissent les innovations. Ils ont également des revenus suffisamment élevés pour s'offrir les produits nouveaux (toujours chers au départ car fabriqués en petite quantité). Ils peuvent alors faire une « démonstration » de leur statut et de leur prestige. Les leaders ou élites vont donc lancer les modes, faire envie aux autres groupes sociaux qui vont, dès lors, **imiter** le comportement et la consommation de ceux qu'ils admirent (en général la catégorie sociale immédiatement supérieure).
Cependant, quand un produit nouveau se diffuse vers un grand nombre d'individus, son prix baisse et il devient un élément de consommation courante. Il est alors **dévalorisé** aux yeux des privilégiés car il ne sert plus de produit de **distinction**. Les leaders vont donc l'abandonner et chercher à **se différencier** à nouveau. Ils ne pourront montrer leur originalité qu'en innovant constamment. Le processus « se distinguer/imiter » est sans fin. Il concerne des dépenses variées et inépuisables telles que le mobilier, la décoration du logement, l'équipement informatique, les vacances et loisirs mais également l'alimentation et les vêtements.

2) La consommation révélatrice du poids de l'origine sociale et du niveau d'éducation

De nombreux actes de consommation ne font que répéter des habitudes prises très tôt dans l'enfance. Les valeurs transmises par la famille et le milieu d'origine vont avoir une grande influence sur les comportements de toute une vie. Par exemple le « goût pour la lecture » se transmet très tôt dans les milieux favorisés intellectuellement, les choix de loisirs mais aussi les habitudes alimentaires seront très différents selon la catégorie sociale d'origine. Le niveau d'éducation va venir compléter le poids de l'origine sociale (exemple : sorties au théâtre, au concert et dans les musées plus fréquentes chez les cadres).

3) La consommation révélatrice de facteurs socio-démographiques

De nombreux facteurs peuvent encore influencer la consommation :

- l'âge : les adolescents notamment ont un comportement spécifique. Leurs dépenses sont prioritairement tournées vers les loisirs. Les jeunes ménages sont plus concernés par les achats de mobilier et de premier équipement. Les personnes âgées ont des dépenses plus élevées en matière de soins médicaux et de recours à des services domestiques. Cependant ce critère de l'âge perd un peu de sa pertinence ;
- le sexe : les femmes par exemple vont s'orienter davantage que les hommes vers les produits de soins et de beauté ;
- le lieu d'habitation : il est possible d'opposer les villes et les zones rurales, les lieux touristiques ou non, le climat doux ou rigoureux... qui auront une influence sur le choix des produits consommés ;
- la taille du ménage ou le statut matrimonial : le fait d'être seul ou d'avoir une famille nombreuse n'impliquera pas les mêmes comportements d'achats.

II. Le consommateur est-il influencé ?

1) Le « consommateur roi » ?

Certains économistes pensent que les consommateurs sont les maîtres sur le marché, qu'ils ont un pouvoir dominant sur les entreprises. C'est l'idée notamment de Paul Samuelson qui a défendu la thèse de « la souveraineté du consommateur ». Les producteurs doivent tenir compte des désirs des consommateurs qui expriment leurs besoins par une demande sur les marchés. Ils doivent donc orienter leur production en fonction des attentes des clients potentiels (en quantité et en qualité). Dans ce cas les innovations correspondent aux nouveaux besoins latents ressentis par la population. Cette thèse donne le beau rôle au consommateur, il est le « roi » car **c'est la demande qui détermine l'offre** (au niveau des produits fabriqués mais aussi des prix).

2) Le consommateur est-il influencé, voire manipulé ?

a) L'idée de la « filière inversée »

L'économiste américain J. K. Galbraith s'oppose à l'idée du « consommateur roi » et inverse le processus (d'où le nom de « filière inversée »). Pour lui, ce sont au contraire les entreprises, qui par leur puissance, vont mettre au point des produits nouveaux, les fabriquer et vont ensuite essayer d'en faire naître le besoin chez le consommateur, notamment par le biais de la publicité. Les entreprises vont éveiller le désir des individus en s'adressant à des populations **ciblées** (c'est-à-dire sélectionnées) dont elles connaissent les goûts et préférences (notamment grâce à leur milieu social). Dans ce cas **c'est l'offre qui détermine la demande**. Les producteurs vont pousser les consommateurs à désirer ce qu'ils souhaitent vendre. Le client est donc manipulé.

b) L'influence de la mode

En sociologie, la mode se définit comme le processus de transformation incessante et par cycles des préférences propres aux membres d'une société donnée.

La mode exerce un effet de domination sur chacun. Les individus se sentent obligés de suivre la mode car ils sont sans cesse soumis aux regards des autres et notamment à celui de leur groupe d'appartenance ou de référence. Par exemple le choix vestimentaire traduira la volonté de s'identifier à une catégorie sociale ou une classe d'âge et ne reflétera pas forcément les goûts personnels de l'individu.

La mode ne peut-elle pas alors exercer un pouvoir tyrannique en voulant à tout prix uniformiser les préférences ? Mais jusqu'où uniformise-t-elle ?

Il semblerait que la mode ait plutôt un effet égalisateur à l'intérieur de chaque catégorie mais maintient au contraire un effet de distinction entre les différents groupes de comportements différents. Avec la mode, les effets de distinction et d'imitation ont toute leur pertinence.

c) L'influence de la publicité

La publicité est l'ensemble des messages utilisés pour faire connaître l'existence et les caractéristiques d'un produit, pour orienter les consommateurs ou influencer leurs opinions dans le but d'augmenter les ventes. La publicité est donc une information, un lien entre le producteur et le client potentiel mais cette information ne peut-elle pas devenir une persuasion ? Un conditionnement ou une manipulation ? En effet la publicité ne s'exerce que sur la **représentation** d'un produit, elle n'en montre pas souvent les caractéristiques techniques (composition, solidité, utilité, performances) mais cherche plutôt à faire rêver, en exprimant la satisfaction de son utilisateur. La publicité est dès lors un outil de séduction qui finit par créer de nouveaux codes dans les comportements et pousser à la surconsommation. Il est alors possible de se demander quelle est la liberté de choix réelle du consommateur.

Cependant si certains se laissent influencer, il ne faut pourtant pas en conclure que tous les consommateurs se laissent manipuler. Ces dernières années, les individus sont devenus plus exigeants mais aussi plus versatiles, n'hésitant pas à abandonner les produits décevants et à réclamer plus de choix et une différenciation des modèles proposés.

Conclusion

Il est indéniable que, par notre consommation, nous voulons montrer notre appartenance à un groupe mais aussi nous distinguer des autres catégories sociales et cela va expliquer nos besoins de se différencier ou au contraire d'imiter. La consommation va donc nous servir de « **marqueur social** ». Cependant, de manière bien moins consciente, certaines de nos habitudes de consommation vont traduire notre âge, notre sexe, notre lieu d'habitation, notre situation familiale, notre origine sociale et notre niveau de diplôme. L'adage

« Dis-moi ce que tu consommes et je te dirai qui tu es » est donc vérifié. Le « marqueur » est vrai dans les deux sens.
Le rôle des producteurs et des publicitaires n'est pas non plus à négliger. Ils arrivent à influencer nos choix mais jusqu'où ? Certains commencent à culpabiliser de céder aux sollicitations. D'autres, devant le harcèlement publicitaire, ressentent une lassitude et ne voient même plus les messages.
Ces dernières années, il semble que les mentalités des individus évoluent avec la crise qui s'éternise. Acheter et posséder n'est plus suffisant pour être heureux. Les consommateurs veulent davantage **utiliser** les biens et services et se rendent compte que la location donnera une satisfaction immédiate sans les contraintes de l'achat (encombrement d'objets délaissés car démodés, entretien, remplacement). L'intérêt des Français pour les formules de location (voiture, DVD, vêtements de luxe…) montre qu'ils recherchent davantage l'usage que la propriété. Le besoin de « se montrer » existe toujours puisque le « pauvre » pourra épater une journée en louant un bien de luxe mais il existe néanmoins une évolution par rapport aux époques précédentes.
La consommation n'est-elle pas également « une consolation », une compensation aux contraintes de la vie moderne ? Le moyen d'accéder à un bonheur passager ?

EN SAVOIR PLUS

Un auteur : Jean Baudrillard

Sociologue français (1929-2007). Il a critiqué la société de consommation où les individus ne sont pas libres de leurs choix mais sont enserrés dans des rapports de domination. Il a expliqué que la consommation est avant tout un acte symbolique, une sorte de langage qui sert à communiquer et à vous affilier à un groupe. Il a mis en évidence « la valeur signe » des objets qui est indépendante de leur utilité directe. Ce sont les médias qui transforment le réel en signe.
Ses œuvres principales : *La Société de consommation (1970) Le Système des objets (1968)*

Un auteur : Abraham Maslow

Psychologue américain (1908-1970), connu pour avoir élaboré une pyramide des besoins. Pour lui, l'individu établit des règles de priorité pour ses désirs. Il va satisfaire ses besoins vitaux en premier puis gravir les étapes pour aller de plus en plus vers la satisfaction de « besoins plus évolués ». La dernière étape sera la satisfaction du besoin d'épanouissement quand tous les autres objectifs auront été atteints.

Un auteur : Thorstein Veblen

Économiste américain d'origine norvégienne (1857-1929). Il a fait une analyse sociologique des classes aisées de son époque. Dans son œuvre *Théorie de la classe de loisir* il a étudié le travail, l'oisiveté, l'accumulation du capital, la consommation et le gaspillage. Il explique que ceux qui ont accumulé une fortune mènent un grand train de vie et montrent avec ostentation qu'ils n'ont pas besoin de travailler. Ils affichent leur rang en menant une vie oisive et leur consommation a pour but de faire envie aux autres.

CURIOSITÉS, ANECDOTES

L'origine de la publicité

Certains pensent que l'écrivain Montaigne serait l'inventeur du principe de la publicité, car, dans *Les Essais*, il souhaite l'apparition d'un « mécanisme d'annonces ».

• Il est possible d'estimer que chaque Français est soumis chaque jour en moyenne à 60 publicités à la télé, à environ 50 affiches publicitaires placées dans les lieux publics. La lecture des journaux et surtout l'utilisation d'Internet peuvent encore amener une centaine de messages supplémentaires au cours de la journée. Il faut de plus y ajouter les courriers publicitaires et les appels téléphoniques à vocation commerciale. Au total au minimum un Français est confronté à 300 messages commerciaux par jour mais cela peut atteindre plusieurs milliers (si l'on compte tous les stimuli croisés sur son chemin même sans en avoir conscience). N'y a-t-il pas un véritable harcèlement ?

LES MOTS CLÉS

• **Consommation ostentatoire :** consommation d'un bien ou d'un service dans le seul but de montrer aux autres sa position sociale.

• **Effet de signe :** consommation qui permet aux différentes catégories sociales de se « reconnaître » tout en se distinguant des autres groupes sociaux. L'effet de signe décrit la valeur symbolique de la consommation.

• **Niveau de vie :** quantité de biens et services dont peut disposer un individu compte tenu de son revenu disponible.

• **Mode de vie :** ensemble des manières de vivre d'un individu ou d'un groupe social. Il est appelé aussi genre de vie.

2. Exploiter un tableau statistique

Pour pouvoir analyser convenablement un tableau, il faut préalablement passer par plusieurs étapes indispensables et se poser quelques questions.

Situer le tableau

- Quel est son titre ?
- Quelles périodes, quels pays, quelles zones géographiques, quelles catégories d'individus sont concernés ?
- Quelle est la source c'est-à-dire quel institut de statistiques, de sondage… a élaboré ces données ? Sont-elles extraites d'un livre ? D'une revue ? D'un journal ?
- Les informations sont-elles objectives ? Fiables ?
- La date de l'enquête est-elle récente ?

Identifier et savoir lire le contenu

- S'agit-il d'un tableau à simple entrée ? (C'est-à-dire où le classement se fait en fonction d'un seul critère.) Ou d'un tableau à double entrée ? (Qui peut se lire en ligne et en colonne, où deux caractères se croisent et où une information chiffrée se trouve à chaque intersection.)
- Quels sont les intitulés des lignes et des colonnes, leur signification et les relations entre eux ?
- Les données sont-elles exprimées en unités physiques (ex. litres, mètres, kilos, nombre d'objets ou d'individus, etc.), en unités monétaires (en euros), en pourcentages, en indices ?
  Il faut être vigilant et faire attention à ne pas confondre des valeurs absolues (en nombre) et des valeurs relatives (en %), ce qui conduirait à une étude erronée du tableau.
- S'il s'agit de données en pourcentages, il faut également se demander si ce sont des pourcentages de répartition (avec une ligne ou une colonne égale à 100 %) ou de variation.
- Prenez une ou deux données au hasard et donnez-en la signification précise puis vérifiez que votre interprétation est cohérente afin de vous assurer que vous avez bien compris le document.

Cette bonne compréhension vous permet alors d'entamer l'aspect le plus complexe c'est-à-dire l'analyse.

L'analyse et la synthèse

- La première question à se poser est celle de savoir dans quel but vous étudiez ce tableau. Avez-vous à répondre à une question précise ou bien le tableau est-il un document parmi d'autres pour répondre à un problème assez vaste (ex. synthèse) ? Selon la réponse à cette interrogation, l'analyse ne sera pas forcément identique mais cela vous permettra de mieux faire le tri des données les plus significatives.

- Si le document doit servir à vous aider à répondre à une question, sélectionnez et répertoriez les informations qui vous semblent les plus pertinentes par rapport à ce qui vous est demandé et limitez-vous à cela.
- Pour faire une analyse complète d'un tableau, il faut toujours aller **du général au particulier**.
  Il s'agit, en premier lieu, de dégager l'idée principale, les grandes tendances (entre les dates extrêmes) et informations importantes fournies par le document (avec une lecture globale).
- Les lignes ou colonnes « ensemble », « total », quand elles existent, donnent ces éléments généraux qu'il sera possible ensuite de comparer avec les autres données (en faisant des croisements de caractères).
- Puis il devient utile de s'attacher alors à l'étude d'autres nombres significatifs pour approfondir le constat. Il faut sélectionner les informations, dégager les étapes traduisant une évolution, etc.
- Attention : il ne faut surtout pas citer tous les chiffres, toutes les données. Ce serait de la simple paraphrase de tableau sans intérêt. Un simple exemple chiffré suffit à illustrer l'idée que vous voulez exprimer.
- Par contre, il est souvent judicieux de réaliser des petits calculs comme des taux de croissance, des moyennes, des indices (à l'étude au programme de Seconde) qui permettent d'approfondir l'étude, dépassent la paraphrase et montrent que l'on sait prendre du recul face à un document.
- Une donnée « qui sort de la tendance » (ou rupture) peut être évoquée si vous savez donner la raison de l'anomalie, de l'exception ou du renversement de situation.
- Enfin, très important, il ne faut pas oublier que les documents statistiques comme les tableaux, contrairement à certains textes, constatent mais n'expliquent pas. Il est donc essentiel d'aller plus loin que le simple constat et d'ajouter vos connaissances ainsi que votre jugement afin de donner des explications économiques et sociales.
- Il faut toujours argumenter, justifier vos commentaires ou vos calculs, donner les causes, les conséquences des tendances ou évolutions constatées.
- Pour finir, il est possible de faire une analyse critique en essayant de percevoir si le document a des limites (par exemple s'il est incomplet).

✱ Exercice 1 : Vrai/Faux

A. Un consommateur est **rationnel** s'il achète en fonction d'une impulsion.
Vrai/Faux

B. Consommer est parfois un acte symbolique.
Vrai/Faux

C. La mode relève de la consommation ostentatoire.
Vrai/Faux

D. À pouvoir d'achat identique, le mode de vie et les consommations sont semblables.
Vrai/Faux

E. Les écarts de niveau d'instruction peuvent être à l'origine d'inégalités de consommation.
Vrai/Faux

✱ Exercice 2

Un grand restaurateur fait des prix élevés car il affirme : « Il faut **saler** la clientèle pour la **conserver**. »
Au-delà du jeu de mot quel est le raisonnement de ce restaurateur et à quels auteurs peut-on le relier ?

✱✱ Exercice 3

En quoi la mode relève-t-elle de la consommation ostentatoire ?

✱✱ Exercice 4

En quoi suivre la mode est-il une illustration de l'effet de signe ?

✱ Exercice 5

La publicité peut-elle sauver les mauvais produits ?

✱✱ Exercice 6

Quelles critiques peut-on faire de la publicité ?

✱✱ Exercice 7

Quels sont les avantages de la publicité ?

✱✱ Exercice 8

Analysez le tableau suivant :

ÉQUIPEMENT DES MÉNAGES EN LAVE-VAISSELLE SELON LE TYPE DE MÉNAGE EN 2007 EN %

Équipement	Personnes seules	Famille monoparentale	Couples sans enfant	Couples avec au moins un enfant	Ensemble
Lave-vaisselle	23,1	40,1	58,6	68,8	47,8

INSEE, SRCV-SILC, 2007.

✱✱ Exercice 9

Analysez le tableau suivant :

SORTIES AU CINÉMA SELON L'ÂGE AU COURS DES 12 DERNIERS MOIS (EN %)

	Aucune fois	Plus de 12 fois
16-24 ans	16	16
25-39 ans	35	6
40-59 ans	50	4
Plus de 60 ans	76	2

INSEE, 2006.

✱✱✱ Exercice 10

Certaines consommations dépendent de « l'effet d'âge ». D'après vous, est-ce semblable à « l'effet de génération » ? Expliquez.

Vers le bac

But : savoir développer une argumentation.

Construire un développement argumenté sur le sujet suivant :

Après avoir expliqué ce qu'est le luxe, vous analyserez ce que recherchent les individus en consommant des produits luxueux.

résumé de cours
exercices
contrôles
corrigés

Corrigé des exercices

La sensibilisation

Étape 1

Toutes nos dépenses ne sont pas liées à l'utilité.

- Lorsque nous buvons du champagne ce n'est pas pour étancher notre soif mais en général pour montrer que l'on est capable d'offrir ce qu'il y a de meilleur à nos invités.
- Lorsque nous roulons dans une voiture luxueuse ou rapide est-ce uniquement pour pouvoir nous déplacer ou pour « nous afficher » ?
- Les bijoux et l'or n'ont-ils pas pour but de nous faire « briller » ?
- Le choix des vêtements n'est-il pas révélateur de notre groupe d'appartenance ?
- La pratique du golf n'est-elle pas un moyen d'afficher sa classe sociale ?

Étape 2

Les réponses à toutes les questions de cette sensibilisation sont personnelles et subjectives mais montrent que notre environnement social et culturel a une grande influence sur le choix de nos tenues vestimentaires.

Étape 3

1. Un besoin est un manque, un sentiment de frustration avec la volonté de le faire disparaître. C'est une notion **abstraite** contrairement au bien concret qui va souvent permettre de satisfaire le besoin.

2. L'individu va d'abord satisfaire ses besoins primaires ou physiologiques (manger, boire, dormir, se réchauffer) et quand ces derniers seront satisfaits, il cherchera à combler d'autres manques.

3. Pour A. Maslow, les besoins « secondaires » ou d'être correspondent aux besoins sociaux.

Les individus ont un **besoin d'appartenance** c'est-à-dire de prouver qu'ils ont une place dans la société. Ils cherchent à être intégrés dans un groupe de semblables, ils cherchent la reconnaissance et la considération. Cela va les conduire à consommer de façon ostentatoire pour afficher leur statut. L'individu ressent également un **besoin d'estime** c'est-à-dire qu'il a besoin d'être respecté mais aussi d'avoir une activité valorisante pour être reconnu. Il a besoin également de pouvoir exprimer ses idées et opinions. Enfin, l'homme a un **besoin de réalisation** c'est-à-dire d'accomplissement personnel, de participer même modestement à l'amélioration du monde.
Ces besoins ne peuvent pas tous se combler par la consommation.

Étape 4

1. En observant le tableau il est facile de constater que les employés et ouvriers ont des salaires assez semblables. Par contre le taux de possession d'un ordinateur et le taux de connexion à Internet sont plus importants pour les employés. Cette différence ne s'explique donc pas par les revenus mais par d'autres critères.
2. Il est possible d'expliquer la différence par le fait que beaucoup d'employés ont un emploi de bureau. Ils sont donc davantage familiarisés dans le cadre de leur travail à l'outil informatique que les ouvriers. Ils veulent dès lors également être équipés chez eux. D'autre part certains employés travaillent à domicile et ont besoin d'être informatisés et connectés à Internet. Les ouvriers d'usine, les ouvriers agricoles travaillent moins avec les ordinateurs. Pour certains d'entre eux et notamment les plus âgés l'équipement à domicile peut être perçu comme inutile ou trop complexe d'utilisation. Cependant leur taux d'équipement progresse néanmoins.

Étape 5

1. Réponse personnelle.
2. cf. cours II. 2).
3. Le pauvre peut chercher la gloire. Pour cela il va « se priver », restreindre sa consommation quotidienne pour s'offrir de temps en temps (même exceptionnellement) un bien onéreux, pour montrer qu'il existe et qu'il est capable lui aussi d'accéder au luxe.

Les exercices

Exercice 1 : Vrai/Faux

Question	Réponse	Commentaire
A	faux	Il est rationnel s'il achète en fonction du rapport qualité/prix.
B	vrai	
C	vrai	
D	faux	La consommation ne dépend pas que du revenu mais de critères sociologiques (âge, lieu d'habitation, catégorie sociale, niveau d'étude. Il ne faut pas confondre pouvoir d'achat (niveau de vie) et le mode de vie.
E	vrai	

Exercice 2

Ce restaurateur pense qu'il existe un effet de snobisme et que les individus vont aller dans les grands restaurants coûteux pour **se montrer**. Les prix élevés ou « salés » leur permettront de se distinguer des plus pauvres, d'appartenir à un groupe social. Aller dans les restaurants coûteux est un effet de signe, les individus y vont pour se situer socialement et non pour satisfaire leurs besoins de se nourrir. Il est donc possible de relier le raisonnement du restaurateur aux idées de T. Veblen mais aussi à celle de J. Baudrillard ou celles de Duesenberry.

Exercice 3

Si la mode conduit à imiter un modèle, elle est aussi un moyen de distinction pour montrer sa supériorité et peut même entraîner une consommation ostentatoire. En effet, les catégories sociales les plus aisées financièrement peuvent s'offrir les vêtements des grands couturiers, de marque prestigieuse et acquérir un grand nombre de tenues vestimentaires différentes. Elles pensent ainsi pouvoir être admirées par les autres catégories sociales. Cependant, quand les autres classes sociales les imiteront, elles délaisseront leurs vêtements et produits qui ne permettront plus de montrer leur supériorité et se tourneront vers de nouveaux produits.

Exercice 4

Pour de nombreux sociologues la mode n'est pas une affaire de goût personnel mais la volonté de montrer son appartenance à une classe sociale, la volonté d'intégrer un groupe de référence (celui que l'on admire et que l'on veut imiter) et de se distinguer des autres catégories d'individus. Se conformer à la mode veut donc faire passer un message, un signe. Le choix des vêtements représente tout un symbole. Le jean ou le costume n'auront pas du tout la même signification. Cela exprime bien l'idée de Jean Baudrillard sur l'aspect symbolique des objets que l'homme veut posséder au-delà de leur simple utilité.

Exercice 5

Il est difficile d'imaginer qu'une publicité puisse sauver un mauvais produit. En effet, un produit de mauvaise qualité est vite repéré par le consommateur qui l'achètera peut-être une fois, influencé par la publicité, mais ne renouvellera pas son achat s'il n'a pas été satisfait. D'autre part, un consommateur mécontent peut ternir l'image du produit et même de l'entreprise qui l'a fabriqué. Cela peut avoir des répercussions négatives sur les autres produits de la marque, même s'ils sont meilleurs.

Exercice 6

De nombreuses critiques sont parfois faites sur la publicité.

- Elle peut orienter les goûts des consommateurs et les manipuler. Les individus aiment être à la mode, imiter les autres. Ils peuvent perdre leur personnalité.
- Elle peut faire naître des besoins superflus et conduire à la surconsommation. Les plus pauvres s'endettent pour pouvoir consommer (et ne peuvent pas toujours rembourser). D'autres restent frustrés de voir dans les publicités des biens qu'ils ne peuvent pas s'offrir.
- Le coût de la publicité est répercuté sur les prix d'où un risque d'inflation.
- Certains pensent que les bons produits n'ont pas besoin de réclame. La publicité peut être mensongère, tromper le consommateur.
- Elle peut avoir une incidence néfaste sur les enfants qui sont influençables et se laissent tenter par des offres alléchantes.
- La publicité fournit le plus souvent des informations peu précises sur les caractéristiques du produit. Elle veut faire rêver et non inciter le client à faire des études comparatives avec les marques concurrentes.
- La publicité est trop envahissante ; elle finit par agacer le consommateur qui zappe ou n'y prête plus attention. Les panneaux publicitaires défigurent les villes.

Exercice 7

- La publicité apporte des informations sur les produits nouveaux et les fait découvrir au grand public. Elle permet donc le développement et la diffusion de l'innovation.
- Pour les entreprises, la publicité fait augmenter les ventes (sinon elles n'y consacreraient pas un tel budget). Les firmes peuvent donc augmenter leur production pour répondre à la demande et embaucher.
- Si la production augmente, il sera possible de réaliser des économies d'échelles et donc de diminuer le prix. Un cercle vertueux peut se mettre en place.
- Comme la publicité accentue la concurrence entre les entreprises, ces dernières sont incitées à baisser leurs prix ou augmenter la qualité de leurs biens et services. Le consommateur en retire donc des avantages.

Exercice 8

Si 47,8 % des individus possèdent un lave-vaisselle, il existe de fortes disparités selon la taille de la famille.

68,8 % des couples avec au moins un enfant en sont équipés contre seulement 23,1 % des personnes seules. Cela s'explique par le fait que les personnes seules ne voient pas l'utilité d'un lave-vaisselle si elles ont peu à laver ou déjeunent le plus souvent à l'extérieur. L'achat et l'entretien de cet appareil peuvent leur sembler être du gaspillage. Le nombre de personnes vivant dans le ménage n'est cependant pas le seul critère à prendre en compte pour la possession d'un lave-vaisselle car les couples sans enfant (donc 2 personnes) sont plus équipés que les familles monoparentales [où l'adulte seul(e) peut avoir plusieurs enfants]. Il faut donc ajouter le critère du revenu pour expliquer cette différence car, la plupart du temps, dans les familles monoparentales il y a un appauvrissement par rapport à une situation antérieure (et souvent un partage des équipements en cas de divorce).

Exercice 9

Ce tableau exprime les fortes disparités en matière de fréquentation des salles de cinéma en 2006 selon les différentes catégories d'âge. 2 % seulement de plus de 60 ans sont allés plus de 12 fois au cinéma dans l'année de référence (2006), contre 16 % des jeunes de 16 à 24 ans (soit 8 fois plus).
Il est également possible de constater que le pourcentage de ceux qui ne sont pas allés une seule fois au cinéma dans l'année augmente avec les tranches d'âge.
Il est donc possible d'en déduire que les sorties au cinéma sont donc davantage un loisir de « jeunes » mais comment expliquer ce phénomène ? Plusieurs arguments peuvent être avancés :

- le revenu ne semble pas être le principal facteur discriminant puisque les jeunes de 16 à 24 ans souvent lycéens ou étudiants ne sont pas parmi les catégories ayant de forts revenus ;
- l'effet d'imitation semble jouer un certain rôle ainsi que le fait de vouloir être intégré dans un groupe de pairs. Le jeune qui n'aurait pas vu les mêmes films que ses « amis » ou sa bande aurait l'impression d'être moins intégré, d'échapper à une partie de la vie de ses compagnons ;
- les jeunes cherchent également dans les vedettes de cinéma des repères, des modèles de référence à un âge où ils « se cherchent » et où leur personnalité n'est pas totalement affirmée.

En conclusion ce document montre bien que la consommation peut être socialement déterminée par l'âge.

Exercice 10

- Certaines consommations sont liées à l'âge de l'individu. Par exemple, un ménage du troisième âge ne consommera pas de la même manière qu'un jeune ménage ayant un enfant en bas âge. Les jeunes de 16 à 25 ans iront beaucoup plus au cinéma que les plus de 65 ans.
- L'effet de génération est différent. Il est lié à l'univers temporel de l'individu qui prendra des habitudes de consommation et pourra les conserver tout au long de sa vie. C'est pourquoi les jeunes de 16 à 25 ans des années 1930, des années 1960 et des années 2010 n'ont pas du tout les mêmes goûts et les mêmes comportements. Par exemple les indi-

vidus aimeront souvent les chanteurs qui ont bercé leur jeunesse ou leur adolescence.

Vers le bac

Sous forme de plan détaillé

I. Ce qu'est le luxe

Avoir une vie luxueuse est un mode de vie caractérisé par de grandes dépenses consacrées à l'acquisition de biens et services superflus. Le luxe est ce qui revêt un caractère somptueux, fastueux.

Le luxe est ce qui possède des attributs :

- qualité
- beauté
- rareté
- cherté
- marque de prestige
- intemporalité
- universalité
- esthétique
- modernité et innovation
- exotisme
- il est le contraire de ce qui est banal, ordinaire, vulgaire

II. Ce que recherchent les individus en consommant des produits luxueux

- un besoin de considération
- le plaisir d'acquérir un bien qui semble au-dessus de ses moyens
- le besoin de rêver
- obtenir l'admiration des autres, susciter l'envie
- se sentir valorisé
- envie de se payer ce qui est « futile » et pas uniquement ce qui est utile, désir de superflu
- besoin esthétique (le design se paie souvent cher)
- le fait de ressentir une émotion face à un produit qui ne peut rester inaccessible
- comportement mimétique pour suivre la consommation de ses idoles ou du groupe auquel on voudrait ressembler ou appartenir
- la volonté de se priver pour accéder de temps en temps à ce qui serait inaccessible plus souvent (voyage par exemple)
- besoin de transgression pour se prouver que l'on vaut mieux que ses semblables
- recherche sans fin de produits plus élaborés, course aux innovations pour montrer son esprit moderne, pour être perçu comme « un précurseur », un « faiseur de tendances »
- besoin de s'affirmer, de montrer que l'on existe, que l'on a une personnalité
- profiter de la vie et notamment, quand l'avenir semble incertain

Thème 2
Entreprises et production

3 Qui produit des richesses ?

Étape 1

1. Qu'est ce que produire ?
2. Pensez-vous que seules les entreprises produisent ?

Étape 2

SNCF DANONE HÔPITAL MEDECINS SANS FRONTIERES

Ces logos représentent des organisations productives très différentes. Pouvez-vous pour chacune d'elles définir :

- son type de production, son objectif, ses ressources ?

Étape 3

D'après vous, quelle est la taille idéale d'une entreprise ? N'est-ce pas aussi difficile d'y répondre qu'à la question : quelle est la taille idéale d'un homme ?

Étape 4 : Nestlé le géant aux 8 000 marques

N° 1 mondial du lait en poudre (30 % du marché mondial)	N° 1 mondial du café soluble (52 % des ventes dans le monde)	N° 1 mondial des aliments pour animaux	N° 1 mondial des eaux en bouteilles (plus de 70 marques dans 30 pays)

RÉPARTITION DES ACTIVITÉS DE NESTLÉ

Activité	**Pourcentage**	**Quelques marques**
Boissons	26,7	Nescafé, Nesquik, Ricoré, Bonjour, Tonimalt
Produits laitiers	26,5	Nestlé, La Laitière, Sveltesse

Plats préparés et culinaires	18,3	Maggi, Mousline
confiserie	11,6	Nestlé Dessert, Lion, Lanvin, Nuts, Quality Street, Smarties, Crunch, Kit Kat
Produits animaliers	11,1	Félix, Friskies, Fido, Gourmet, Purina
Produits pharmaceutiques	5,8	Renutryl Booster, Clinutren, Sondalis

3. Quel type d'entreprise est Nestlé ?
4. Quel type de produits fabrique-t-elle ?
5. D'après vous quelles sont les stratégies du groupe ? Quels en sont les avantages et les limites ?

Étape 5

D'après vous, la production d'un pays peut-elle être calculée comme la somme des productions des agents économiques ? Pourquoi ?

ANALYSE

La production est le fait de fabriquer des biens ou de fournir des services afin de satisfaire les besoins. Il s'agit d'une « activité socialement organisée », permettant la création de richesses économiques. Les organisations productives sont de nature différente et les producteurs sont variés. Les plus nombreux sont les entreprises mais tous les producteurs ne sont pas des entreprises. Il faut y ajouter les administrations et le tiers secteur.
Cependant, toute création de richesse ne correspond pas forcément à une production. Pour être comptabilisée comme production, la création de richesse doit être licite, déclarée et facilement mesurable. Sont donc exclus de l'activité productive :
- le travail domestique ;
- le travail au noir ;
- les activités non déclarées des entreprises (fraudes fiscales) ;
- les commerces illicites.

Avec tant de diversité est-il alors facile de s'y retrouver et de mesurer correctement les richesses ?

I. La diversité des unités de production créatrices de richesses économiques

Les organisations productives comprennent :

- **Les entreprises** – **privées** (elles appartiennent à des propriétaires privés) ;
  – **publiques** (l'État détient au moins 50 % du capital) .

Elles vendent leur production **(biens et services marchands)**.

- **Les administrations publiques** – **centrales ;**
  – **locales ;**
  – **de Sécurité sociale.**

Elles fournissent des **services non marchands** c'est-à-dire que les individus ne paient pas directement mais qui sont financés par les impôts et les cotisations sociales.

- **Le tiers secteur ou économie sociale** – **associations ;**
  – **coopératives ;**
  – **mutuelles.**

Le tiers secteur fournit des biens et des services aux ménages dans une optique de solidarité mais le but, contrairement aux entreprises, n'est pas de faire du profit. Il regroupe des institutions sans but lucratif.

II. L'économie sociale ou le tiers secteur produisant dans un but de solidarité

1) Les principes communs au secteur de l'économie sociale

Les organisations de l'économie sociale comprennent les associations, les coopératives et les mutuelles. Elles appartiennent à des propriétaires privés mais leur but, contrairement aux entreprises, n'est pas le profit. Elles reposent sur des principes communs.

- Elles répondent à une optique de solidarité et de justice sociale et leur objectif est de fournir à leurs adhérents des biens et services au meilleur coût.
- Comme elles ne privilégient pas le profit, elles insistent sur le caractère collectif du capital et sur la non-redistribution individuelle des bénéfices.
- Elles fonctionnent sur le principe d'une libre adhésion des sociétaires, égaux en droits et en devoirs, qui prennent les décisions de façon démocratique selon le principe « une personne égale une voix » (quel que soit son apport).

2) Les associations

Leur statut a été défini par la loi du 1er juillet 1901. Elles regroupent des individus mettant en commun leurs connaissances et leurs activités mais sans but lucratif. Il existe des associations humanitaires, sportives et de loisirs, culturelles, de défense… ce qui montre qu'elles sont très variées. On en compte environ un million dans notre pays mais elles sont vite créées et vite dissoutes, c'est pourquoi leur nombre est difficile à comptabiliser. Environ 50 % des Français font partie d'au moins une association.

3) Les coopératives

Les coopératives ont pour objectif la satisfaction de leurs adhérents et la défense des intérêts de leurs membres. Parmi elles, on distingue :

- des coopératives de production créées notamment pour utiliser du matériel ou produire en commun ;
- des coopératives de consommation dont le but est de fournir des biens à des prix compétitifs notamment grâce à des achats groupés.

4) Les mutuelles

Les mutuelles proposent des systèmes d'assurances fondées sur la solidarité. Elles ont pour principe de « mutualiser » les risques c'est-à-dire de les répartir entre tous les adhérents qui payent une cotisation mais reçoivent des prestations en cas de survenue du risque. Il existe des mutuelles d'assurance contre les risques de la personne (ou mutuelles de santé venant en complément de la Sécurité sociale) et des mutuelles d'assurance contre les risques de biens (assurances dommages concernant notamment l'habitation et l'automobile).

III. Les administrations publiques productrices de services non marchands

Elles répondent à une mission spécifique définie par l'État et produisent des services non marchands c'est-à-dire fournis gratuitement ou quasi gratuitement (vendus à un prix inférieur à 50 % de leur coût de production) à la population.
Leurs ressources principales sont les prélèvements obligatoires (impôts et cotisations sociales). Elles sont regroupées en trois sous-secteurs :

- les administrations publiques centrales : l'État et les organismes divers d'administration centrale tels que la police nationale, la justice, le Pôle emploi… ;
- les administrations publiques locales (dans les régions, départements, communes) ;
- les administrations de Sécurité sociale qui comprennent aussi les organismes tels que les hôpitaux publics.

Leur logique est de satisfaire des **besoins collectifs** et de répondre à un principe de **solidarité** ou de bien-être général. Dans cette optique il peut être fourni des services qui ne sont pas **rentables**. Par exemple les dépenses de santé ou d'éducation sont prises en charge par la collectivité car il serait injuste que seuls les individus à fort revenu puissent se soigner ou accéder à une longue scolarité. Ces services sont très coûteux, la solidarité est présente car ceux qui bénéficient le plus des services publics ne sont pas forcément ceux qui paient le plus d'impôts.

Les services publics garantissent aux citoyens des services indispensables tels que sécurité civile, écoles, universités, hôpitaux, infrastructures… en respectant l'égalité sur tout le territoire.
En général, les services des administrations publiques ne sont pas **individualisables**. Il serait impossible de fixer un prix car un grand nombre d'usagers peuvent bénéficier du même service simultanément (exemple : l'éclairage public).

IV. La grande diversité des entreprises productrices de biens et services marchands

1) La classification selon le statut juridique

a) Les entreprises publiques

Les entreprises publiques sont celles dont l'État possède plus de 50 % du capital.
Il peut s'agir d'entreprises créées par l'État ou d'entreprises nationalisées c'est-à-dire d'anciennes entreprises privées où l'État est devenu propriétaire en rachetant plus de la moitié du capital.
La France a connu trois grandes vagues de **nationalisations** :
- en 1936 le Front populaire a nationalisé la Banque de France, les chemins de fer ;
- en 1945 des nationalisations ont eu lieu pour accélérer la reconstruction, moderniser le pays et le doter d'infrastructures (exemple EDF-GDF) ;
- en 1982 le gouvernement socialiste veut pouvoir intervenir dans les secteurs clés de l'économie et va nationaliser des grandes banques.

À partir de 1986 un renversement de tendance s'opère puisque des **privatisations** d'entreprises et de banques vont être réalisées (exemple : France Télécom).
Depuis l'acte unique, des règles européennes cherchent à ouvrir les services publics à la concurrence. Cependant, l'accès aux services essentiels d'intérêt général doit être maintenu.

b) Les entreprises privées

Une entreprise privée est une organisation productive qui a pour objectif de produire, distribuer et vendre des biens et services dans le but de faire des profits.
- Parmi les entreprises privées il est d'abord possible de faire une distinction entre les entreprises qui n'ont qu'un seul propriétaire (entreprise individuelle et EURL) et les sociétés qui ont des copropriétaires (associés pour les SARL et actionnaires pour les sociétés anonymes).

L'entreprise individuelle et l'EURL n'ont qu'un seul propriétaire qui apporte le capital et dirige son entreprise comme il le souhaite. Cependant les points communs s'arrêtent là. Créer une entreprise individuelle est beaucoup plus risqué que de créer une EURL car la responsabilité de l'entrepreneur est totale c'est-à-dire qu'en cas de dettes, l'huissier pourra saisir même ses biens

personnels. Par contre dans l'EURL, le propriétaire ne pourra perdre que ce qu'il a apporté à l'entreprise.
En ce qui concerne les sociétés, il existe plusieurs formes juridiques dont les plus courantes sont la SARL et la SA.

	SARL (société à responsabilité limitée)	**SA (Société anonyme)**
Nombre de propriétaires (apporteurs de capitaux)	De 2 à 50 associés	Au moins 7 actionnaires. Pas de limite supérieure
Capital minimum	Pas de capital minimum depuis la loi du 2 août 2003	37 000 euros
Responsabilité	Limitée aux apports	Limitée aux apports
Partage du profit	Partage entre les associés (selon les parts sociales)	Partage entre les actionnaires (selon le nombre d'actions possédées)
Gestion, prise de décisions	Les associés nomment un gérant	L'assemblée générale des actionnaires élit un conseil d'administration qui élit un PDG. Mais pouvoir également des directeurs salariés

Les SARL et les SA sont donc très différentes.

- Les SARL sont plutôt réservées à la constitution de petites et moyennes entreprises alors que la quasi-totalité des grandes entreprises privées sont sous forme de SA (seule possibilité d'être cotée en bourse).
- En général les associés d'une SARL participent plus ou moins à la vie de leur entreprise et souvent y travaillent. Par contre dans la SA, les nombreux petits actionnaires ont souvent acquis leurs actions pour faire un placement (ils touchent des dividendes, une partie des bénéfices distribués). Ils ne travaillent pas souvent dans l'entreprise. C'est pourquoi les SA ont des **directeurs salariés** qui prennent les décisions importantes pour l'entreprise. L'économiste **J. K. Galbraith** a montré ce sont ces derniers qui ont le véritable pouvoir dans l'entreprise et non pas les propriétaires car ils possèdent des compétences en gestion, finance, marketing… Leur but est la croissance de leur entreprise. Ces directeurs, cadres, managers forment, pour J. K. Galbraith la **technostructure**.

2) La classification des entreprises selon leur taille

Il existe deux principaux critères quantitatifs de mesure de la taille des entreprises : le chiffre d'affaires et le nombre de salariés.

a) Le chiffre d'affaires

Il s'agit du montant total des ventes réalisées au cours d'une année par une entreprise. Ce critère ne permet pas cependant de mesurer l'activité réelle d'une firme car il faut lui soustraire les achats de consommations intermédiaires (matières premières…) nécessaires à sa production.

b) Le nombre de salariés

Il est possible de distinguer :

- les micro-entreprises qui n'ont pas de salarié ;
- les très petites entreprises (artisanales) ayant de 1 à 9 salariés ;
- les PME petites et moyennes entreprises ayant de 10 à 499 salariés (de 10 à 49 pour les petites et de 50 à 499 pour les moyennes) ;
- les grandes entreprises avec plus de 500 salariés.

V. Un moyen d'augmenter les richesses : la concentration des entreprises

1) La concentration des entreprises

Le terme **concentration** désigne le processus par lequel la taille de certaines entreprises augmente notamment par le fait de regroupements.

Au niveau juridique la concentration peut s'effectuer par fusion ou par absorption :

- avec **la fusion,** deux ou plusieurs entreprises de taille équivalente se regroupent pour former un plus grand ensemble (qui prendra un nouveau nom) :

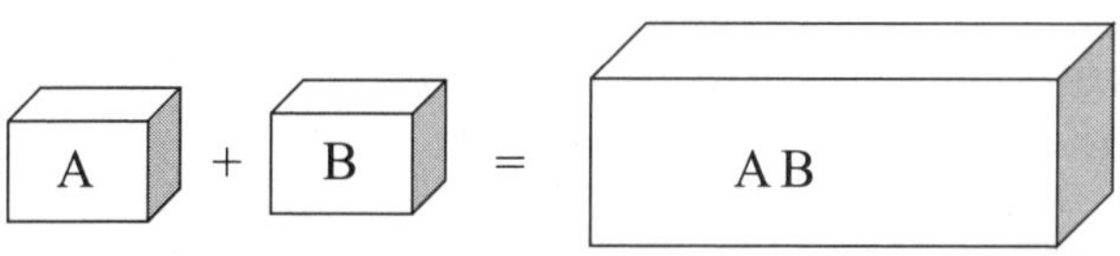

- avec **l'absorption,** une grosse entreprise en rachète une plus petite qui disparaît :

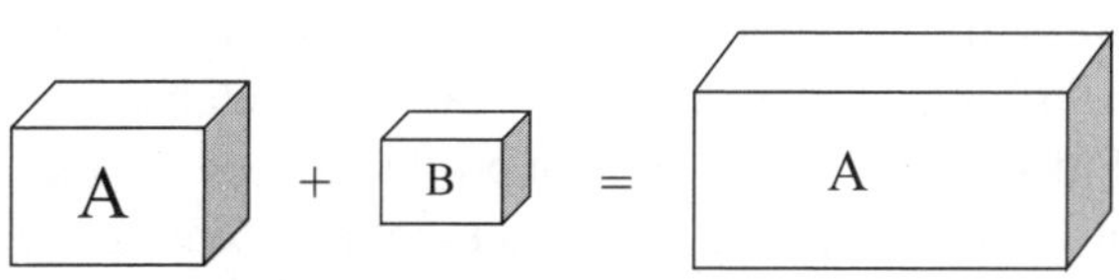

Ensuite il existe 3 formes de concentration :

- la concentration **horizontale** réunit des entreprises ayant la même activité (fusion ou rachat d'un concurrent) ;
- la concentration **verticale** regroupe des entreprises en amont ou en aval (fournisseurs ou distributeurs) ;
- la concentration **conglomérale** rassemble des entreprises de secteurs d'activités différents.

Chacune a ses avantages et inconvénients (cf. sujet Vers le bac).

C'est par les concentrations que naissent les grands groupes.
La concentration peut conduire à une situation de **monopole** c'est-à-dire un seul vendeur qui sera libre dès lors d'imposer ses prix. (Ce sera une « **partie de monopoliste !** »)

2) Les groupes et leur complexité

Un **groupe** est un ensemble d'entreprises dont les activités sont coordonnées par un même centre de décision. Celui-ci, appelé **société mère** détient plus de 50 % du capital et contrôle des **filiales** (sociétés dépendantes).
Comme les formes de contrôle peuvent être multiples, il est souvent difficile de bien cerner les véritables contours d'un groupe.
La situation peut encore se complexifier avec les **prises de participation,** c'est-à-dire le fait qu'une société peut détenir un certain nombre d'actions d'autres sociétés (mais avec moins de 50 % du capital).

3) Faut-il être grand pour réussir ?

En matière de stratégie d'entreprise, il y a ceux qui ne voient que les avantages des grandes firmes et ceux, de l'autre coté qui mettent en avant les avantages des PME. En fait, de nos jours les deux conceptions sont simultanément justifiées. La mondialisation des marchés conduit les entreprises à une course à la taille. Mais d'un autre côté, les nouvelles technologies permettent une décentralisation. De nombreuses firmes connaissent un grand succès, de l'entreprise individuelle à la firme multinationale. D'autres, par contre, quelle que soit leur taille n'arrivent pas à affronter la concurrence et connaissent des situations délicates. Existe-t-il alors une taille idéale ?

VI. La mesure de création de richesse : la valeur ajoutée

1) Du chiffre d'affaires à la valeur ajoutée

Les entreprises ont besoin de mesurer le résultat de leur production. Mais comment faire ?

- Le chiffre d'affaires représente le montant total des ventes :
  Chiffre d'affaires = prix de vente x quantité vendue

Or le chiffre d'affaires, même si toute la production est vendue ne mesure pas réellement « la valeur » produite véritablement par l'entreprise.
En effet, pour produire des biens, une firme doit acheter à d'autres entreprises des matières premières, de l'énergie, etc., c'est-à-dire des consommations intermédiaires dont le prix est inclus dans le chiffre d'affaires (ex. le lait dans le yaourt). L'entreprise incorpore les consommations intermédiaires et, avec du travail et du capital fait un produit plus élaboré. Elle crée quelque chose en plus, « ajoute de la valeur ». C'est cette valeur ajoutée qui est la véritable contribution de l'entreprise à la production nationale.

2) Le calcul de la valeur ajoutée

La valeur ajoutée est la différence entre la valeur de la production et la valeur des consommations intermédiaires autrement dit la différence entre la valeur des biens et services produits et la valeur des biens et services utilisés.

Valeur ajoutée = production – consommations intermédiaires

Seule la valeur ajoutée mesure correctement la valeur de ce que l'entreprise a réellement produit c'est-à-dire sa véritable contribution productive.

Si deux entreprises se regroupent, il ne faut pas additionner leur production quand l'une des deux entreprises utilise la production de l'autre comme consommation intermédiaire (cas fréquent lors d'une concentration verticale où l'on rachète un fournisseur pour ne plus avoir à acheter les matières premières). Dans cette situation ce sont les valeurs ajoutées de chacune des deux entreprises qui devront être additionnées.

- La valeur ajoutée va servir à calculer le PIB d'un pays. En effet le PIB sera égal à la somme des valeurs ajoutées des unités productives résidentes. Cela permet d'éviter les erreurs, comme celles où des productions ayant été incorporées dans des biens plus élaborés, soient comptées plusieurs fois. Cependant le PIB est souvent critiqué puisqu'il ne prend pas en compte les richesses non rémunérées ou non déclarées (travail domestique, travail au noir) et par contre comptabilise comme création de richesse des productions aux effets négatifs. Mais il est très difficile de trouver un indicateur idéal de richesses.

3) Le partage de la valeur ajoutée

La valeur ajoutée d'une entreprise doit être partagée entre tous ceux qui ont contribué, d'une manière ou d'une autre, à son apparition. Ceux qui en sont les bénéficiaires sont :

– les salariés qui ont travaillé et donc touchent des salaires ;
– l'État qui finance les équipements collectifs nécessaires à l'activité de l'entreprise et qui prélève donc en contrepartie des impôts et des taxes ;
– les organismes sociaux qui prélèvent des cotisations sociales afin de fournir des prestations aux salariés ;
– les banques qui perçoivent des intérêts quand elles ont prêté des fonds à l'entreprise ;
– l'entreprise qui va récupérer le **bénéfice** une fois que les autres charges auront été payées. Elle va en garder une partie sous forme **d'épargne brute** pour renouveler le matériel usagé ou financer de nouveaux investissements et versera le reste aux possesseurs d'actions de la société.
– les actionnaires qui vont toucher des dividendes c'est-à-dire la part des bénéfices distribués par l'entreprise (« **une bonne action n'est jamais perdue !** »).

- La valeur ajoutée peut être source de conflit lors de sa répartition car les chefs d'entreprises peuvent être tentés de garder une grosse part sous forme de profit pour faire de l'autofinancement c'est-à-dire investir sans avoir à s'endetter auprès des banques et rembourser des intérêts coûteux. Cependant, dans ce cas, la part réservée aux salaires est plus faible, ce qui entraîne une baisse de la consommation et une surproduction. Si les employeurs par contre, décident de donner de forts salaires, la demande de consommation sera élevée mais la production sera insuffisante pour répondre à la demande. L'entreprise devra s'endetter pour acheter de nouvelles machines. Enfin, dans les très grandes sociétés, il ne faut pas non plus négliger le pouvoir des actionnaires qui veulent toucher de forts dividendes, sinon ils vont placer leur argent ailleurs.

Conclusion

Les producteurs de richesses économiques sont donc nombreux. La mesure de ces richesses est complexe puisque les organisations productives sont vraiment très différentes en termes de type de production (marchande/non marchande), en termes d'objectifs (lucratifs/non lucratifs), en termes de statut juridique, en termes de ressources (profits, impôts, dons, cotisations), en termes de taille… Certaines organisations vont créer plus de richesses que d'autres, certaines vont connaître des succès et d'autres vont disparaître ou se transformer. Cependant un pays a besoin d'avoir des organisations productives efficaces pour avoir des biens et services de qualité, pour fournir des emplois à la population et permettre le bien-être.

EN SAVOIR PLUS

Un auteur : John Kenneth Galbraith

Économiste né au Canada (1908-2006). Il a exercé des responsabilités auprès du président Kennedy. Il a démontré que, dans les très grandes entreprises, les actionnaires n'ont qu'un pouvoir formel. Le pouvoir réel de décision appartient en fait aux managers c'est-à-dire aux cadres et ingénieurs salariés qui forment la **technostructure**. Ils ont les compétences notamment en gestion pour orienter les choix de l'entreprise. Les consommateurs n'ont également pas de pouvoir. Ils ne sont pas les « rois » mais sont influencés par les stratégies des entreprises qui font naître des besoins chez les consommateurs (idée de la filière inversée).
Œuvre importante : *Le Nouvel État industriel (1967)*

CURIOSITÉ, ANECDOTE

La plus ancienne société en France

La manufacture royale de glaces de France fondée en 1685 et unie en 1695 à la manufacture des glaces du faubourg Saint-Antoine fut transformée en société anonyme en 1830 sous le nom de Compagnie de Saint-Gobain. Le groupe aujourd'hui fabrique notamment du verre (qui prend un « **second souffle** »).

LES MOTS CLÉS

- **Capital social :** moyens financiers immobilisés nécessaires pour créer une entreprise, apportés par les propriétaires.
- **Établissement :** unité physique de production qui ne doit pas être confondue avec la notion d'entreprise (unité juridique de production). Une même entreprise peut avoir plusieurs établissements (lieux distincts).
- **Effet de synergie :** effet positif lié à un regroupement. Deux activités qui s'associent donnent un résultat supérieur à celui qui aurait été obtenu si ces activités étaient restées séparées. L'union permet de décupler ses capacités.

3. La représentation, la lecture et l'analyse d'une série chronologique

La courbe est le graphique permettant de représenter l'évolution d'une série chronologique continue.
L'axe des abscisses représente le temps ou les années alors qu'en ordonnées figurent les valeurs de la variable.
Pour la **construction** il est nécessaire de trouver une échelle adaptée et de bien respecter les intervalles sur les axes afin d'éliminer les effets d'optique (amplification ou minoration des évolutions, des écarts). Il est souvent déconseillé de partir de la base zéro (pour une meilleure lisibilité).

La lecture du graphique

Avant de procéder à l'analyse il s'agit de lire et d'interpréter :
- le titre (souvent évocateur) ;
- la source (ci-dessous l'INSEE) qui montre l'origine de l'information.

Ensuite il faut regarder avec attention les unités puisqu'un même graphique peut comporter deux échelles.
Il faut également examiner si la période considérée n'envisage pas le futur où les données seraient alors des prévisions et non plus des variables réelles.

NOMBRE DE CRÉATIONS D'ENTREPRISES SANS SALARIÉ ET AVEC SALARIÉS

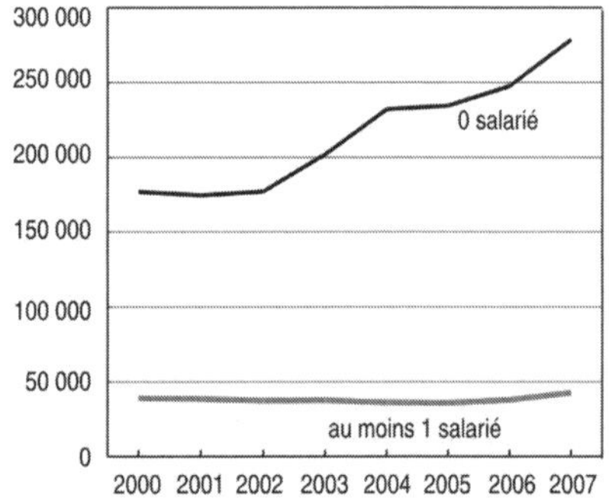

Source : répertoire des entreprises et des établissements (Sirene), INSEE.

Le graphique ci-dessus fera l'objet de questions dans les exercices.

L'analyse

- Dégager d'abord la **tendance générale** (ou « *trend* ») c'est-à-dire le processus global d'évolution (hausse continue, baisse continue, évolution cyclique). Cela permet de faire ressortir l'idée principale du document (son objectif) à partir de l'ensemble des données. Il est possible de calculer par exemple la différence entre la valeur la plus forte et la plus faible (donnant un plus à l'étude).
- Périodiser ensuite le graphique c'est-à-dire cerner des **périodes significatives**. Autrement dit il s'agit d'analyser les écarts par rapport à la tendance générale qui représentent des fluctuations. Examiner s'il existe

des **ruptures** importantes. Représentent-elles un événement exceptionnel ou des dates charnières ? Il faut savoir en expliquer les causes (exemple : une crise, une guerre, une nouvelle loi, une catastrophe naturelle…).

⚠ **Il ne faut jamais « paraphraser » un graphique c'est-à-dire décrire l'évolution année après année. Il ne faut jamais non plus se contenter d'affirmer *« ça monte, ça descend »* mais savoir que l'allure d'une courbe détermine une hausse (à taux croissant, constant ou décroissant), une baisse ou une stagnation.**

- Pour faire une bonne analyse, il est nécessaire de justifier et expliquer les raisons des différentes évolutions afin de mettre en valeur ses connaissances historiques ou économiques.
- S'il existe plusieurs courbes il faut cerner les liaisons entre elles. Évoluent-elles dans le même sens (corrélation positive) ou en sens contraire (corrélation négative) ?

⚠ **La variation simultanée de deux variables n'indique pas forcément une relation de cause à effet. Leur variation peut dépendre d'un autre phénomène. C'est pourquoi il faut veiller à ne pas confondre une simple corrélation avec une causalité.**

✱ Exercice 1

Trouvez l'intrus et expliquez pourquoi

1. Médecins du monde, MSF, l'hôpital, la Croix-Rouge.
2. La Sécurité sociale, un lycée, un centre des impôts, la Poste.
3. EURL, INSEE, SA, SARL.
4. Fusion, absorption, croissance interne, croissance externe.
5. Salaires, intérêts, dividendes, épargne brute, consommations intermédiaires.

✱ Exercice 2

Citez 4 atouts des PME.

✱ Exercice 3

Outre la recherche du profit, quels peuvent être les autres objectifs d'une entreprise privée ?

✱✱ Exercice 4

La responsabilité (des entreprises) peut être sociale. Une entreprise participe à la vie économique et sociale du pays, de la région, de la commune dans laquelle elle est installée. Elle y paie des impôts, emploie ses habitants, y génère des retombées positives (activité, attrait pour d'autres entreprises...) ou négatives (pollution...), bénéficie d'infrastructures dont certaines auront peut-être été spécialement aménagées pour elle (comme un accès routier par exemple). Une décision de suppression ou de délocalisation du site peut entraîner un déséquilibre économique et social pour toute une région.

J.-P. Lebel, *L'Entreprise au cœur de la cité, 80 fiches d'actualité et de culture générale*, Ellipses, 2003.

1. Quel est l'impact positif de l'implantation d'une entreprise pour une ville ?
2. Quelle est la responsabilité sociale de l'entreprise ?

✱✱ Exercice 5

La société A détient 45 % du capital d'une société B et 5 % de celui d'une entreprise C. Elle prend une participation dans la société D de 42 % alors que B en détenait 30 %. Quel capital de D possède alors la société A ? Pourquoi ?

✱✱ Exercice 6

La SA Biscotton produit des biscottes et a réalisé un chiffre d'affaires de 91 millions d'euros. Les dépenses nécessaires à cette production sont les suivantes (en millions d'euros) :

– farine : 12	– cartons d'emballage : 22	– énergie : 1,5
– autres ingrédients (eau, sel…) : 6,5	– impôts : 1	
– salaires nets : 16,5	– cotisations sociales : 15	– intérêts versés à la banque : 4,5

1. Calculez la valeur ajoutée de cette entreprise.
2. Calculez son bénéfice.
3. Dans cet exemple comment se répartit la valeur ajoutée entre les différents agents économiques ?

✱✱✱ Exercice 7

Quel est le rôle des associations dans la vie d'un pays par rapport à celui des entreprises ?

Sur la méthodologie

Questions sur le graphique « Nombre de créations d'entreprises sans salarié et avec salariés », page 62.

✱ Exercice 8

Quel est le nombre **total** de créations d'entreprises en 2000 ? En 2007 ? Que pouvez-vous en conclure ?

✱ Exercice 9

Calculez le taux de variation des créations d'entreprises **sans salariés** de 2000 à 2007.

✱✱ Exercice 10

Quel peut être le statut juridique d'une entreprise sans salarié ? Expliquez.

✱✱✱ Exercice 11

D'après vous, comment peut s'expliquer l'évolution des deux courbes ?

Vers le bac

***Objectifs* :** développer son esprit critique, savoir argumenter, classer et ordonner ses idées.
Sujet *: Faites un plan en 2 parties en expliquant les avantages et inconvénients de la concentration horizontale, verticale et conglomérale.*

Corrigé des exercices

La sensibilisation

Étape 1

1. cf. analyse, introduction.
2. Les entreprises ne sont pas les seules organisations productives. Il faut y ajouter les administrations et le tiers secteur (cf. analyse).

Étape 2

Organisations	Type de production	Objectif	Ressources
SNCF	Vente de services (services marchands)	Le profit. Mais également une mission de service public	Profit + Aides de L'État
Danone	Vente de biens (biens marchands)	Profit	Profit
Hôpital	Services non marchands	Aider la population	Financement par les cotisations sociales
Médecins sans frontières	Services	Aider la population sans but lucratif	Dons Subventions

Étape 3

Réponse personnelle et subjective.

Étape 4

1. Nestlé est un grand groupe privé sous forme de société anonyme. Il s'agit d'une firme multinationale suisse (dont le siège social est à Vevey) mais qui est implantée dans de nombreux pays du monde entier.
2. Nestlé fabrique surtout des produits alimentaires. L'entreprise a débuté par une célèbre farine lactée et actuellement est devenue n° 1 mondial notamment pour le lait en poudre, le café soluble et les eaux en bouteille.
3. Nestlé a adopté une stratégie de diversification (8 000 marques) dans le but de plaire à de nombreux clients aux goûts multiples. La composition d'un même produit peut être différente d'un pays à l'autre pour l'adapter le mieux possible à la diversité des populations ciblées. Nestlé veut

s'implanter dans le monde entier et mise sur la qualité. La diversification du groupe ne s'effectue pas néanmoins tous azimuts mais Nestlé progresse dans les domaines qu'il maîtrise.

Étape 5

Non, la production d'un pays ne peut pas être calculée en faisant la somme des productions des agents économiques car certains biens seraient comptabilisés plusieurs fois, ceux qui servent de consommation intermédiaire et disparaissent dans le processus de production (cf. cours sur la valeur ajoutée).

Les exercices

Exercice 1

L'intrus est :

1. **L'hôpital** qui est assimilé à une administration publique alors que les autres sont des associations.
2. **La Poste** qui est une entreprise qui vend ses biens et services alors que les autres sont des administrations qui fournissent des services non marchands.
3. **L'INSEE** organisme public alors que les autres sont des statuts juridiques d'entreprises.
4. **La croissance interne** car les autres indiquent un phénomène de concentration.
5. Les consommations intermédiaires qui sont soustraites de la production pour arriver à la valeur ajoutée. Les autres représentent la répartition de cette valeur ajoutée.

Exercice 2

Les PME ont des atouts. Il est possible de citer notamment la souplesse de fonctionnement, les relations humaines privilégiées entre la direction et les salariés (tout le monde se connaît), une plus grande capacité d'adaptation (moins de rigidités), la proximité (les PME sont présentes sur tout le territoire ce qui permet à des individus de trouver des emplois, aux consommateurs de trouver des biens et services à leur disposition près de leur domicile).

Exercice 3

Outre la recherche du profit, les entreprises peuvent avoir d'autres objectifs : augmenter leur notoriété et leur prestige (notamment par leurs innovations), s'agrandir en créant des établissements supplémentaires, diversifier leur production, au contraire devenir les spécialistes dans un créneau spécifique, s'implanter à l'étranger pour augmenter leur puissance et leur pouvoir…

Exercice 4

1. L'implantation d'une entreprise (notamment une SA) dans une ville va créer des emplois, les salariés vont dépenser une partie de leurs revenus dans la commune et les environs, ce qui créera des richesses et des emplois indirects (commerces…). L'effet est donc positif.
2. La grande entreprise a une responsabilité sociale car, si elle décide de délocaliser c'est-à-dire de fermer son usine dans la commune pour s'implanter à l'étranger, les effets peuvent être négatifs pour toute la région qui peut devenir « sinistrée » : chômage, difficulté de reconversion, baisse de la consommation, baisse des ventes des commerçants, infrastructures devenant inutiles… L'impact négatif peut être très important et dépasser le cadre de l'entreprise.

Exercice 5

La société A contrôle la société D à 55,5 % :
- directement pour 42 % du capital ;
- indirectement par l'intermédiaire de la société B : 0,30 × 0,45 = 0,135 soit 13,5 %.

Donc 42 + 13,5 = 55,5 % du capital.
On peut en conclure qu'il est difficile de préciser les véritables contours d'un groupe. Quel sera vraiment le pouvoir de A sur D ?

Exercice 6

1. Calcul de la valeur ajoutée :
   Il faut d'abord calculer le montant des consommations intermédiaires :
   - 12 + 22 + 6,5 + 1,5 = 42 ce qui correspond à tout ce qui est utilisé lors de la production.
   - Valeur ajoutée = production – consommations intermédiaires soit 91 – 42 = 49.

La valeur ajoutée est de 49 millions d'euros qui vont devoir être partagés entre les différents acteurs économiques.

2. Calcul du bénéfice :
   - Le bénéfice est la part de la valeur ajoutée qui reste à l'entreprise après la répartition de cette dernière :
     Bénéfice = 49 – 16,5 – 15 – 4,5 – 1 = 12 c'est-à-dire 12 millions d'euros.
3. La répartition de la valeur ajoutée est la suivante :
   - les salariés reçoivent comme salaires : 16,5
   - la Sécurité sociale comme cotisations : 15
   - l'État comme impôts : 1
   - la banque comme intérêts : 4,5
   - l'entreprise comme bénéfice : 12

Exercice 7

Les associations ont un rôle particulier dans la société qui est un rôle **complémentaire** par rapport à celui de l'État et celui des entreprises.

- Le rôle d'une association est de répondre aux besoins des individus et de rendre des services alors que l'entreprise a pour objectif principal de faire du profit. Si une association fait des bénéfices, ils ne peuvent pas être partagés entre ses membres mais ils doivent être réinvestis dans l'association (ex : achat de matériel).
- Les entreprises ont pour rôle de produire des biens et des services marchands c'est-à-dire payants alors que l'association fournit des services qui peuvent être gratuits ou payants. Une association peut avoir un but humanitaire alors que ce n'est pas le rôle d'une entreprise.
- Les associations ont un rôle d'intermédiaire dont la mission est de rassembler des individus ayant envie de se réunir, soit pour des loisirs, soit pour se défendre. L'entreprise n'a pas forcément cette mission de favoriser les contacts humains.
- Certaines associations aident les individus démunis quand les aides de l'État sont insuffisantes (les associations humanitaires). Elles font appel à des bénévoles qui se sentent utiles. Une entreprise n'a pas de bénévoles, sa mission est de produire, de vendre et de verser des salaires à des travailleurs qui pourront consommer.

Associations et entreprises sont indispensables dans une société et leur rôle est bien complémentaire.

Exercice 8

Attention ! Il ne fallait pas oublier d'additionner les montants des deux types de créations d'entreprises (celles sans salarié et celles avec au moins un salarié).
En 2000 : 40 000 + 175 000 = 215 000
En 2007 : 45 000 + 275 000 = 320 000
Conclusion : la hausse des créations d'entreprises a été de 320 000 – 215 000/215 000 × 100, c'est-à-dire 48,84 % en 7 ans.

Exercice 9

Créations d'entreprises sans salarié en 2000 : 175 000.
Créations d'entreprises sans salarié en 2007 : 275 000.
Taux de variation : 275 000 – 175 000/175 000 × 100 ce qui représente une augmentation de **57,14 %** en 7 ans.

Exercice 10

Une entreprise sans salarié peut avoir le statut d'**entreprise individuelle** ou d'**EURL**.

Dans ce cas il n'y a qu'un seul patron qui décide de travailler seul et sans embaucher.

Dans certaines **SARL** il peut y avoir 2 ou 3 **associés** mais qui travaillent également sans avoir recours à des salariés. Les artisans, petits commerçants sont ceux qui, en général, travaillent seuls.

Exercice 11

Le nombre de créations d'entreprises avec au moins un salarié est resté à peu près stable en 7 ans alors que le nombre de créations d'entreprises sans salarié a fortement augmenté (+ 57,14 %) pendant la même période. Cela peut s'expliquer par le fait que de nombreux chômeurs ont décidé de créer leur propre entreprise.

En effet les créateurs d'entreprise sont aidés par l'administration : exonération des charges sociales pour les demandeurs d'emploi créant ou reprenant une entreprise, accompagnement personnel dans la phase de démarrage du projet. Les chômeurs peuvent donc voir une opportunité pour repartir vers une nouvelle vie.

Il est difficile cependant au départ d'envisager d'embaucher un salarié qui représente un coût important. La création d'entreprise est toujours un pari risqué puisqu'il est difficile de savoir à l'avance si elle sera rentable. L'embauche de salariés s'envisage plutôt quand l'entreprise a bien démarré et qu'elle devient prospère ou lorsque le patron n'arrive plus à faire le travail tout seul.

Vers le bac

I. Les avantages de :

a) La concentration horizontale

- Dans ce cas l'entreprise s'agrandit en conservant son activité principale, ce qui permet de mieux contrôler le marché et d'augmenter sa puissance.
- Si l'entreprise se retrouve seule sur son marché (donc en situation de monopole) elle pourra librement fixer son prix.
- C'est une croissance relativement facile à réaliser puisque la logique « technique » reste identique et l'entreprise reste dans un domaine d'activité qu'elle connaît et maîtrise.
- La concentration horizontale a surtout pour but d'augmenter la production. Il va se produire des « économies d'échelle » c'est-à-dire que le coût unitaire de chaque bien va diminuer (les frais fixes étant répartis sur un plus grand nombre d'unités produites). L'entreprise pourra répercuter la baisse des coûts en diminuant ses prix ou en augmentant les salaires ou les profits.

b) La concentration verticale

- Si l'entreprise s'agrandit en prenant le contrôle d'un fournisseur (concentration verticale amont) cela lui permettra de limiter les achats de produits intermédiaires, ce qui réduira ses coûts de production.

- Elle devient moins dépendante des autres entreprises et sa production n'est plus bloquée par un fournisseur n'ayant pas fourni à temps la matière première.
- Elle permet la maîtrise complète d'une technique de production (de l'élaboration, de la fabrication des composants du produit jusqu'à l'assemblage final). Cela permet la préservation des secrets de fabrication (si tout est fait au même lieu).
- La concentration verticale aval a pour but de prendre le contrôle d'un circuit de distribution, ce qui a l'avantage de ne pas dépendre du pouvoir des vendeurs qui pourraient refuser de vendre de trop fortes quantités ou prendraient des marges commerciales trop élevées.

c) La concentration conglomérale

- Comme l'entreprise s'agrandit en diversifiant son activité, cela lui permet de répartir les risques. Si un secteur connaît des difficultés, elle pourra ainsi compenser avec d'autres (logique financière).
- L'entreprise peut continuer à se développer quand son marché de base est saturé en saisissant toutes les opportunités qui se présentent.

II. Les inconvénients de :

a) La concentration horizontale

- Cette forme de concentration empêche les entreprises d'avoir d'autres connaissances techniques. Elles deviennent dès lors très vulnérables lorsque le marché est saturé.
- Si la concurrence est trop vive, certaines entreprises peuvent se retrouver avec des capacités de production excédentaire et pas d'autres productions à réaliser pour compenser.
- La mise en place de cette concentration peut s'accompagner de suppressions d'emplois car certains postes seront en double et donc inutiles.

b) La concentration verticale

- Quand le processus de production est complexe, l'obstacle technologique à surmonter peut être énorme. Par exemple une entreprise automobile qui devrait fabriquer ses vitres, ses matières plastiques… ne pourrait pas maîtriser tous les procédés techniques. C'est pourquoi il est souvent plus judicieux de s'adresser à des entreprises sous-traitantes (indépendantes mais qui travaillent pour réaliser les commandes de la grande entreprise).

c) La concentration conglomérale

- L'unité doit maîtriser un grand nombre de techniques différentes.
- La gestion est très complexe du fait de la diversité des domaines d'intervention. Le contrôle d'un empire disparate nécessite la présence d'une équipe de direction de grande qualité sachant employer de méthodes de gestion appropriées telles que décentralisation, planification, contrôle des résultats.
- Il existe un risque d'éparpillement qui peut nuire à la notoriété du groupe.

4 Comment produire et combien produire ?

SENSIBILISATION

Étape 1

1. De quoi a-t-on besoin pour produire ?
2. D'après vous, pourquoi les entreprises utilisent-elles de plus en plus de machines ?
3. Les machines pourraient-elles remplacer les hommes pour toutes les productions ? Pourquoi ? Expliquez.

Étape 2 : petit problème

Pour fabriquer 100 objets l'entreprise A a le choix entre 2 techniques de production :

- la technique n° 1 nécessite 50 heures de travail et 4 machines ;
- la technique n° 2 nécessite 60 heures de travail et 3 machines.

1. Si le salaire horaire est de 12 € et si chaque machine coûte 130 €, quelle est la technique de production que choisira le chef d'entreprise et pourquoi ? Expliquez.
2. Si les salariés demandent et obtiennent une augmentation de salaire de 20 %, quelle en sera la conséquence ?

Étape 3

1. Comment mesurez-vous l'efficacité de votre travail scolaire ?
2. Comment pouvez-vous augmenter cette efficacité ?

Étape 4

La grande aventure de la productivité

Comment comparer les fiacres à impériale et le RER, la plume Sergent-Major et le traitement de texte avec imprimante laser, le télégraphe en morse et le téléphone mobile ? Aussi ne faut-il prendre les chiffres que comme des ordres de grandeur... Chacune des heures travaillées dans l'économie française est en moyenne 16 fois plus efficace qu'en 1896 (date retenue pour la comparaison). Le XXe siècle aura été, avant tout, celui de la productivité.

Certes, il faut nuancer : Jean Fourastié a eu raison de nous rappeler que le coiffeur ne coupait pas plus vite les cheveux qu'en 1900. On pourrait ajouter que, en général, il faut autant de temps qu'au début du XXe siècle pour apprendre à lire et même plus de temps pour procéder à un diagnostic médical. Mais il y a des indicateurs qui ne trompent pas... Pour une heure de travail, la production agricole a été multipliée par... 28 en un siècle.

Alternatives économiques, spécial bilan du siècle, Hors série n° 42, 1999.

1. Que veut expliquer ce texte ?

2. L'efficacité a-t-elle augmenté dans tous les domaines et pourquoi ?

Étape 5

Pour vous, que traduisent les dessins ci-dessous ?

ANALYSE

Les entreprises produisent à l'aide de facteurs de production (travail, capital). Elles les combinent au mieux afin de réduire leurs coûts, d'améliorer leur efficacité (ou productivité), de pouvoir bénéficier des progrès technologiques. Mais les choix concernant les façons de produire ainsi que les quantités à fabriquer sont-ils aisés ? Quels calculs nécessitent-ils ?

I. Savoir comment produire grâce à la combinaison des facteurs de production

1) La combinaison productive

Pour produire, l'entreprise utilise deux facteurs de production : le travail et le capital. Le travail, énergie fournie par les hommes, peut se mesurer en durée, par le nombre de travailleurs ou la quantité de salaires versés. Le travail est associé à du **capital fixe** qui comprend les machines, les outils, les bâtiments, les terrains... servant plus d'un an dans l'entreprise (ce sont des investissements).

L'utilisation du travail et du capital fixe va aboutir à une production en transformant des matières premières, de l'énergie, des produits semi-finis c'est-à-dire du **capital circulant** (nommé ainsi à cause de sa disparition dans le processus productif).

La combinaison productive désigne la proportion de capital fixe et de travail utilisée pour produire. Cette combinaison peut être plus ou moins **capitalistique** c'est-à-dire incorporer proportionnellement plus ou moins de capital.

En fonction du type de produit fabriqué, de l'état des techniques, du coût de chaque facteur utilisé, les entreprises vont utiliser des combinaisons productives différentes.

2) Les relations entre les facteurs de production

a) Les facteurs substituables et les facteurs complémentaires

- Dans une production si le volume de travail utilisé ne peut augmenter sans qu'augmente en même temps le volume de capital, c'est que les facteurs de production sont **complémentaires**.
  Dans ce cas une seule combinaison productive est possible. Ex. : un bus et un chauffeur.
- Si l'entreprise, pour une même production, peut choisir d'utiliser plus ou moins de travail et plus ou moins de capital, les facteurs de production sont **substituables**. Dans ce cas plusieurs combinaisons productives sont possibles et l'entreprise choisira celle qui fournira la plus grande quantité de produits au coût le plus faible.

b) La substitution du capital au travail

La substitution du capital au travail correspond au remplacement de l'homme par la machine. Dans les années 1970, de nombreux ouvriers non qualifiés ont été remplacés par des robots. Lorsque le progrès technique (voir définition plus loin) se diffuse, les techniques de production peuvent changer.

II. Pour savoir combien produire : le calcul des coûts de production

L'entreprise cherche à obtenir le plus grand profit possible. Ce profit va dépendre de la quantité produite, du prix de vente mais aussi des coûts de production c'est-à-dire des dépenses engagées pour produire. C'est pourquoi l'entreprise doit en premier lieu calculer ses différents coûts.

1) Le coût total

- Le coût total (CT) représente la somme des coûts fixes (CF) indépendants des quantités produites comme le coût des machines, des bâtiments et des coûts variables (CV) qui dépendent de la quantité produite comme les matières premières.

$$\mathbf{CT = CF + CV}$$

2) Le coût moyen

- Le coût moyen **(CM)** ou coût unitaire est le coût total divisé par le nombre d'unités produites. **CM = CT/quantité produite**.

Quand la production augmente, le coût moyen est dans un premier temps **décroissant**. Cela s'explique de deux manières. D'une part, quand l'échelle de production est faible, certains équipements sont souvent sous-utilisés. Avec une hausse de la production les machines sont mieux rentabilisées. D'autre part, les frais fixes (loyer, éclairage) vont être répartis sur un plus grand nombre d'unités produites ce qui permet d'abaisser le coût unitaire de production et de réaliser des **économies d'échelle**.
Cependant, dans une deuxième phase, les coûts moyens redeviennent croissants. Lorsque la production devient trop importante des gaspillages apparaissent

(perte de matières premières, moins d'attention portée à chaque produit fabriqué et ratés de production). Il faut embaucher du nouveau personnel ou payer des heures supplémentaires. Il faut parfois investir dans de nouveaux locaux, de nouvelles machines qui ne seront pas optimisées au début. Il se crée des **déséconomies d'échelle**.

3) Le coût marginal

- Le coût marginal **(cm)** est le coût induit par la production d'une unité supplémentaire.

Cm
= coût total pour une quantité n +1 – coût total pour une quantité n.

Lui aussi est d'abord décroissant puis croissant. En effet dans un premier temps la production d'une unité supplémentaire coûte moins cher que les précédentes (économie d'échelle). C'est pourquoi le coût marginal est inférieur au coût moyen (cf. graphique ci-dessous).
Cependant, à partir d'un certain point, une unité supplémentaire va coûter plus cher que les précédentes. À ce moment-là, le coût moyen va lui aussi augmenter.
Dès lors quand le coût marginal devient supérieur au coût moyen il y a déséconomie d'échelle et il y a intérêt à ne plus augmenter la production.
La quantité optimale à produire est quand le coût moyen et le coût marginal s'égalisent (dans le graphique ci-dessous au point M).

Coût Moyen Minimum

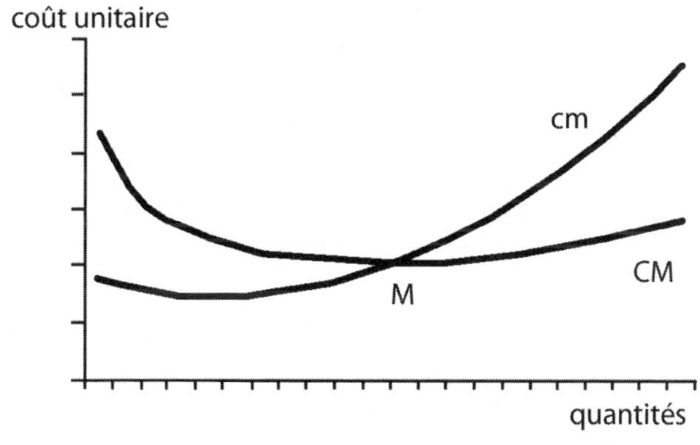

III. Pour produire le plus efficacement possible : le calcul de la productivité

1) Définition et mesure

La productivité est une notion fondamentale en économie qui peut se définir, au niveau général, comme le rapport entre une quantité produite et les moyens mis en œuvre pour l'obtenir.

Le calcul de la productivité a pour but de mesurer l'efficacité des facteurs de production, de leur combinaison ainsi que de permettre des comparaisons. Le calcul peut s'opérer par salarié, par groupe, par entreprise, par pays… et il est possible de distinguer la productivité du travail, celle du capital mais aussi la productivité globale des facteurs.

a) La productivité du travail

Elle repose sur une comparaison entre une production donnée et la quantité de travail nécessaire à cette production. Elle peut être mesurée de plusieurs manières :

$$\text{Productivité du travail par personne occupée} = \frac{\text{production}}{\text{effectif occupé}}$$

Mais cette mesure ne prend pas en compte la durée du travail, variable selon les salariés et l'époque. Il est donc intéressant de calculer la productivité horaire du travail :

$$\text{Productivité horaire du travail} = \frac{\text{production}}{\text{nombre d'heures de travail requis}}$$

Productivité physique du travail :

$$= \frac{\text{quantité produite en unité physiques}}{\text{quantité physique de travail en heure, en jour, etc.}}$$

$$\text{Productivité du travail en valeur} = \frac{\text{valeur de la production (en euros)}}{\text{coût du travail (en salaires)}}$$

$$= \frac{\text{valeur ajoutée}}{\text{coût du travail}}$$

Cette dernière mesure a l'avantage de pouvoir être facilement calculée au sein des entreprises et de permettre des comparaisons entre firmes de branches d'activités différentes.

b) La productivité du capital

Elle permet de mesurer l'efficacité de la production en mettant en rapport la valeur de la production et la quantité de capital utilisé :

$$\text{Productivité du capital} = \frac{\text{production}}{\text{capital fixe (ex: nombre de machines)}}$$

Le capital fixe peut aussi se calculer en durée d'utilisation des machines, en valeur des machines…

c) La productivité « apparente » et la productivité globale des facteurs

Les statisticiens de l'INSEE utilisent le terme de « productivité apparente » en matière de productivité du travail ou du capital car une meilleure productivité du travail peut provenir d'une plus grande efficacité des machines et donc n'être « qu'apparente » et inversement.

Le travail et le capital sont étroitement imbriqués dans la production et il est souvent très difficile de différencier leur contribution respective. C'est pourquoi il est également utile de pouvoir mesurer la productivité globale des facteurs.

La productivité globale des facteurs :

$$= \frac{\text{production}}{\text{facteurs de production utilisés (travail et capital)}}$$

2) La recherche constante de gains de productivité

Une entreprise cherche toujours à être plus efficace et augmenter sa productivité ce qui lui permettra de dégager des revenus supplémentaires. Pour cela elle peut chercher à produire davantage avec la même quantité de facteurs (travail et capital) ou produire autant mais avec moins de travail (moins d'heures ou moins de salariés) et/ou moins de capital. Cette solution est préférée dans le cas où une production supplémentaire n'est pas utile si la demande est insuffisante.

IV. Comment améliorer la productivité ?

Les patrons essaient toujours d'augmenter la productivité de leur entreprise mais différents moyens peuvent être à l'origine de cette hausse.

1) D'où viennent les gains de productivité ?

- **Le progrès technique** est l'un des principaux facteurs d'augmentation de la productivité. Il se définit comme le processus de perfectionnement des méthodes de production. Il permet d'avoir des équipements plus performants (hausse de la productivité du capital), ce qui multiplie les potentialités du travail humain.

D'autres variables permettent aussi d'augmenter la productivité du travail :

- une meilleure organisation du travail permet d'éviter les temps morts, les gaspillages (exemple historique du taylorisme) ; une bonne circulation des informations et des consignes évite les blocages, ce qui favorise un plus grand rendement ;
- une motivation plus grande des salariés rendue possible par des conditions de travail plus intéressantes (horaires choisis, écoute des problèmes et des idées, bonne intégration, lieux accueillants, machines plus faciles à utiliser…) favorise une augmentation de l'intensité et de la qualité du travail ;
- l'implication des travailleurs joue aussi un rôle important car, s'ils sont créatifs, autonomes, et ont le sens des responsabilités, ils coopéreront de manière efficace à une production de qualité ;
- une meilleure formation (et qualification) donnée aux travailleurs (capital humain) va entraîner une diffusion des connaissances qui se répercutera bien au-delà de l'entreprise ;
- enfin les infrastructures publiques (routes, voies ferrées, réseaux divers) peuvent favoriser une meilleure circulation et diffusion des biens et services, ce qui augmente là encore la productivité des entreprises.

2) Les conséquences des gains de productivité

Les gains de productivité peuvent entraîner des conséquences très diverses pour les employeurs mais aussi pour les salariés et les consommateurs.
Cf. sujet de préparation au bac à la fin du chapitre.

Conclusion

Pour savoir « comment produire » l'entreprise doit donc faire de nombreux calculs (coûts du travail, des machines…). Elle doit être capable de mesurer la productivité c'est-à-dire l'efficacité des facteurs de production pour arriver à la meilleure combinaison possible. Pour savoir « combien produire », une firme doit également faire des calculs (de coût moyen, de coût marginal) afin de réaliser des économies d'échelle. Elle doit savoir arrêter d'augmenter sa production au bon moment. Cependant l'entreprise doit également s'adapter au progrès technique, ce qui peut modifier ses stratégies. Finalement tous ces choix sont complexes et les mauvaises décisions peuvent avoir de lourdes conséquences.

EN SAVOIR PLUS

Un auteur : Alfred Sauvy

Économiste et démographe français (1898-1990). Il a montré les liens et les interactions entre les changements démographiques et la transformation des emplois. Par sa théorie du **déversement**, il explique que le progrès technique et les gains de productivité dans une branche permettent de créer des revenus qui vont s'écouler vers d'autres branches. La main-d'œuvre libérée par la plus grande efficacité dans l'agriculture a pu se **déverser** dans le secteur industriel puis l'augmentation de la productivité dans l'industrie a entraîné à son tour une reconversion de la main-d'œuvre dans les services. Auteur optimiste, A. Sauvy pensait donc que les conséquences des gains de productivité étaient bénéfiques à long terme pour l'emploi.
Il a publié notamment *La Machine et le chômage (1980)*

ANECDOTE, CURIOSITÉ

Le luddisme

Les machines ont toujours été accusées de provoquer du chômage et certains ouvriers les ont pris pour cible. L'histoire la plus célèbre est celle de John Ludd, ouvrier du textile à Nottingham en Angleterre. Entre 1811 et 1816, il a appelé les dentelliers à détruire les nouvelles machines qui permettaient de tripler la production sans embaucher. Peu après d'autres ouvriers lainiers brisèrent à leur tour leurs machines, affirmant qu'elles faisaient baisser leurs salaires. En France des révoltes de ce type ont également eu lieu au XIXe siècle : des machines à filer, à carder, des presses mécaniques d'imprimeur… ont été détruites. Aujourd'hui le terme de **luddisme** (par référence à Ludd) est encore employé pour désigner ces mouvements d'ouvriers qui ont pratiqué des destructions de machines.

LES MOTS CLÉS

- **Économie d'échelle :** diminution des coûts unitaires de production quand les quantités produites augmentent. Les économies d'échelle s'expliquent par le fait que les coûts fixes (éclairage, loyer…) qui ne dépendent pas de la production, peuvent être répartis sur un plus grand nombre d'objets produits.
- **Gains de productivité :** gains obtenus par l'entreprise quand la valeur ajoutée augmente plus vite que le coût des facteurs de production.
- **Progrès technique :** processus de perfectionnement des méthodes de production qui va permettre d'augmenter la productivité.

4. Exploiter un texte

En SES, dès la classe de Seconde l'étude de documents et notamment des textes est primordiale car elle permet à la fois d'approfondir ses connaissances mais aussi de développer ses capacités de raisonnement. Pour ceux qui suivront la filière ES l'épreuve du baccalauréat repose sur une analyse de documents variés, aussi un apprentissage est-il nécessaire pour en tirer le meilleur parti. Face à un texte il faut se poser différentes questions et suivre les étapes suivantes :

Situer le texte

- De quel genre de texte s'agit-il ? Analyse théorique ? Opinion ? Témoignage ?
- L'auteur est-il connu ? Est-ce un économiste, un sociologue, un statisticien, l'acteur d'un événement, le témoin d'un phénomène ?
- Ce texte est-il tiré d'un livre, d'un journal, d'une revue ? Est-il « orienté » politiquement ? De quelle tendance ?
- Le document est-il récent ? Est-il historique ? D'actualité ?
- Quels sont les mots difficiles ? (Il ne faudra jamais hésiter à chercher les mots inconnus dans un dictionnaire car les économistes et sociologues ont parfois un vocabulaire spécifique.) Connaître ce vocabulaire vous permettra d'apprendre à l'utiliser à votre tour dans vos réponses aux questions.

Savoir utiliser le texte

L'utilisation du texte va dépendre du travail qui vous est demandé.

- Si le texte est accompagné d'une question précise, il faudra s'attacher à cerner les aspects importants du document par rapport à la question posée. Il s'agira de tenir compte uniquement des éléments exploitables pour la réponse à donner et de ne pas tomber dans le « **hors sujet** » par une étude trop vaste de l'intégralité du texte. Pour une épreuve de synthèse ou une dissertation accompagnées de plusieurs documents, il ne faut prendre dans chacun d'entre eux que les éléments qui apportent des éléments de réponse au sujet proposé. La difficulté est de savoir faire le tri.
- Cependant en Seconde, il vous sera souvent demandé d'analyser un texte dans sa totalité aussi il est nécessaire de savoir comment procéder.

Analyser le texte

- Dégagez les idées principales du texte c'est-à-dire celles qui servent de fil conducteur et qui sont assez précises pour permettre de résumer un paragraphe ou même la totalité du texte en une ou deux phrases.

- Reformulez toujours les idées du document en les exprimant selon une tournure différente, avec vos propres mots. Il ne faut jamais recopier des morceaux du texte (plagiat) mais montrer que l'on a compris les idées et que l'on est capable de les exprimer de façon personnelle.
- La paraphrase qui consiste à réexprimer simplement le contenu du document en changeant quelques mots mais sans enrichissement est également à bannir. Elle est trop souvent la solution de facilité pour les élèves qui comprennent mal le texte ou ne savent rien de plus sur le même sujet.
- Il faut aller plus loin que le texte. Dans les documents qui vous sont fournis, les raisonnements ne sont souvent que partiellement développés. Il s'agit alors d'**expliciter** (de rendre plus clair) et d'**expliquer** les idées avec une argumentation reposant sur votre réflexion personnelle.
- Il ne faut pas se contenter d'une description et de constats. Expliquer un texte signifie **justifier et démontrer** les affirmations qu'il contient (jamais de constats gratuits), dégager des enchaînements logiques, les pensées de l'auteur par un raisonnement et des connaissances personnelles (cours, corrigés de devoirs, souvenirs de lectures, culture générale…). Vous pouvez envisager les causes et conséquences des phénomènes.
- Après l'étude des idées principales il est possible de compléter l'analyse avec des idées secondaires (celles qui découlent des idées essentielles) mais, en général il vaut mieux ne pas relever les exemples qui ne servent qu'à illustrer l'idée principale. Par contre il est possible de choisir un autre exemple (un équivalent) en montrant ensuite en quoi il illustre une réflexion plus générale.

✱ Exercice 1 : Vrai/Faux

A. Les économies d'échelle consistent à réduire les coûts fixes quand la production augmente.
Vrai/Faux

B. Une entreprise qui a 6 salariés en licencie 2. Les 4 salariés restants arrivent à maintenir la même production. La productivité de l'entreprise est restée stable.
Vrai/Faux

C. Un camion est du capital circulant.
Vrai/Faux

D. Quand la productivité augmente pour un niveau de demande constant, cela diminue mécaniquement l'emploi.
Vrai/Faux

E. Une économie d'échelle conduit à une augmentation du bénéfice même si le prix de vente ne change pas.
Vrai/Faux

✱✱ Exercice 2

Avec le remplacement de l'homme par la machine, on est passé de la « civilisation de la peine » à « la civilisation de la panne ».
Expliquez cette phrase en approfondissant l'argumentation.

✱✱ Exercice 3

Une entreprise augmente de 10 % sa productivité horaire du travail. Cette augmentation prouve-t-elle toujours une amélioration de l'efficacité des travailleurs ?

✱✱ Exercice 4

Quelle est la différence entre la productivité et la rentabilité ?

✱✱ Exercice 5

Dans les services la productivité peut être plus difficile à mesurer que dans l'industrie. Cependant cette mesure est souvent nécessaire.
Quand est-il possible par exemple d'affirmer que la productivité d'un cinéma a augmenté ?

✱✱ Exercice 6

L'entreprise Supervitamine fabrique des jus de fruits. En 2008 elle employait 30 salariés et produisait 3 millions de bouteilles. En 2009 elle licencie 5 salariés mais arrive toujours à produire 3 millions de bouteilles.

1. Calculez la productivité de l'entreprise en 2008.

2. Calculez la productivité de l'entreprise en 2009.
3. Calculez le gain de productivité en pourcentage. Comment peut-il s'expliquer ?
4. Si l'entreprise veut encore augmenter sa productivité en 2010 de 10 % par rapport à celle de 2009 mais sans licencier cette fois, que doit-elle faire ?

✱✱ Exercice 7

Voici les coûts de production d'une entreprise :

Quantité produite	Coût total (en €)	Coût moyen (en €)	Coût marginal (en €)
1	20	20	20
2	36	18	16
3	45		
4	60		
5	100		
6	150		
7	231		
8	320		
9	423		
10	550		

1. Complétez les données du tableau ci-dessus en calculant :
   – le coût moyen ;
   – le coût marginal.
2. Quelle est la quantité optimale à produire et pourquoi ?

✱✱✱ Exercice 8

Considérons 2 sociétés S1 et S2 dont les niveaux de production (Q 1 et Q2) sont tous deux égaux à 10 000 unités.
Les coûts des entreprises sont les suivants (CF = coûts fixes et CV = coûts variables) :

S1 : CF1 = 100 000 €
CV1 = 100 000 € (proportionnels à la production)
S2 : CF2 = 150 000 €
CV2 = 50 000 € (proportionnels à la production)

1. Calculez le coût moyen (CM) de chaque entreprise. Que pouvez-vous en conclure ?

2. Supposons que les niveaux de production des deux entreprises augmentent de 25 % :
   a) Calculez les nouveaux coûts totaux de production pour S1 et S2.
   b) Calculez les nouveaux coûts moyens. Que pouvez-vous en conclure ?

Vers le bac

Sujet : À l'aide de vos connaissances et des deux documents suivants vous rédigerez une synthèse en deux parties montrant :
- que les gains de productivité peuvent détruire des emplois ;
- qu'ils peuvent au contraire être créateurs d'emplois.

Document 1 : Les différents effets possibles des gains de productivité

- Gains de productivité → baisse des prix → hausse des ventes → hausse de la production → hausse de l'emploi
- Gains de productivité → hausse des profits → investissements de capacité → hausse de la production → hausse de l'emploi
- Gains de productivité → hausse des salaires → hausse de la consommation → hausse de la production → hausse de l'emploi
- Gains de productivité → mécanisation et automatisation accrues → baisse de l'emploi

Document 2

Alfred Sauvy a synthétisé l'ensemble de ces mécanismes dans sa « théorie du déversement » qui postule que la machine ne tue pas l'emploi, mais l'oblige à se déplacer et à se recomposer : les gains de productivité dans certains secteurs y suppriment des emplois, mais les hausses de revenus qu'ils génèrent rendent solvable une demande globale supérieure et créent des besoins en nouveaux emplois qui compensent la disparition des anciens.

P. Darreau et C. Pondaven,
Problèmes économiques et sociaux contemporains, Cujas, 1998.

Corrigé des exercices

La sensibilisation

Étape 1

1. Pour produire une entreprise a besoin de main-d'œuvre (ou de travail) et de machines (ou capital). Elles ont aussi besoin de consommations intermédiaires (matières premières, énergie…).
2. Les entreprises utilisent de plus en plus de machines car elles permettent un travail plus rapide et plus performant. Dans l'industrie notamment la production est souvent automatisée. Dans de nombreux cas il est possible de choisir parmi plusieurs combinaisons utilisant davantage de main-d'œuvre ou davantage de machines. Parfois il est possible de remplacer totalement le travail humain par la machine. Cela permet à l'entreprise de ne plus verser de salaires.
3. Pour certaines productions et notamment dans les services les hommes sont complémentaires des machines et la mécanisation complète est impossible (exemple : un bus nécessite un chauffeur).

Étape 2

1. Si le salaire horaire est de 12 € et si chaque machine coûte 130 € :
   Coût de la technique 1 : (50 x 12) + (4 x 130) = 600 + 520 = **1 120 €**
   Coût de la technique 2 : (60 x 12) + (3 x 130) = 720 + 390 = **1 110 €**

Le chef d'entreprise qui recherche le profit maximum choisira la technique la moins coûteuse, ici la technique n° 2 c'est-à-dire 60 heures de travail et seulement 3 machines.

2. Si les salariés obtiennent une hausse de salaire de 20 %, le salaire horaire va passer à : 12 x 1.2 = 14,40 € :
   Coût de la technique 1 : (50 x 14,4) + (4 x 130) = 720 + 520 = **1 240 €**
   Coût de la technique 2 : (60 x 14,4) + (3 x 130) = 864 + 390 = **1 254 €**

Cette fois la technique n° 1 est moins chère. Le chef d'entreprise va donc choisir la technique avec 50 heures de travail ce qui pourra entraîner des licenciements ou des emplois à temps partiel.

Étape 3

L'efficacité du travail scolaire peut se mesurer par les notes obtenues, par la somme des connaissances acquises, par un nombre d'exercices réalisés par rapport au temps passé à travailler.
Pour augmenter son efficacité il existe deux solutions :

- soit obtenir les mêmes résultats mais en travaillant moins longtemps ;

– soit travailler la même durée mais augmenter ses notes, la somme des connaissances acquises ou le nombre d'exercices réalisés.

Étape 4

1. Ce texte veut expliquer les progrès considérables qui ont été effectués concernant l'efficacité du travail dans certains domaines notamment l'agriculture et l'industrie. Il met en avant le rôle du progrès technique dans l'accroissement de la productivité.

2. L'auteur du texte effectue cependant des nuances suivant le travail effectué. Un coiffeur ne coupe pas plus vite les cheveux aujourd'hui qu'en 1900. C'est logique puisque son travail ne peut être automatisé. Un diagnostic médical prend plus de temps aujourd'hui qu'en 1900 car il sera plus approfondi et meilleur (avec des examens au moyen d'appareils plus fiables). La productivité augmente généralement moins vite dans les services que dans l'agriculture ou l'industrie car les machines peuvent plus difficilement remplacer le travail humain.

Étape 5

Ces dessins traduisent l'évolution du téléphone au cours du temps. De nos jours, grâce au progrès technique, le téléphone est devenu mobile, plus petit et malléable, ce qui a fait considérablement évoluer sa fonction. Avoir un téléphone au début du XXe siècle et au début du XXIe siècle n'a pas du tout la même signification. Objet de luxe autrefois, il s'est démocratisé et de nombreux jeunes aujourd'hui ne peuvent concevoir de « se passer » de leur téléphone portable.

Les exercices

Exercice 1 : Vrai/Faux

Question	Réponse	Commentaire
A	Vrai	
B	Faux	La productivité a augmenté (il ne faut pas la confondre avec la production).
C	Faux	Bien qu'il roule, un camion fait partie du capital fixe !
D	Vrai	
E	Vrai	Les économies d'échelle permettent de baisser le coût unitaire.

Exercice 2

Cette phrase, qui se veut humoristique par son jeu de mots, résume bien les effets de l'investissement de productivité sur le travail humain.
Avant l'arrivée massive des machines dans les industries, le travail des ouvriers était souvent pénible (d'où l'idée de « peine » de la citation) c'est-à-dire dur physiquement mais aussi avec des tâches ingrates, de simple exécution, peu valorisantes, salissantes. Les machines désormais sont capables d'exécuter ces tâches routinières. Les robots ont remplacé les hommes dans de nombreuses industries comme l'automobile mais ces machines peuvent tomber en panne. La phrase, même si elle semble a priori pessimiste et ironique, critiquant le modernisme, laisse néanmoins suggérer que de nouveaux emplois indirects peuvent être créés tels que des emplois de maintenance ou de dépannage de ces machines (en plus de leur création). Ces emplois ne sont-ils pas plus valorisants ? Dans les services, l'informatique a aussi transformé le travail des employés mais de nouveaux métiers sont apparus puisque des spécialistes sont chargés de résoudre les problèmes de « plantage », de bugs…
Chaque civilisation a donc ses problèmes, n'est pas parfaite mais les hommes essaient d'améliorer la situation.

Exercice 3

Si une entreprise augmente sa productivité horaire du travail de 10 %, cette augmentation peut traduire **parfois** une plus grande efficacité des travailleurs. Par contre ce serait une généralisation abusive d'affirmer que c'est **toujours** le cas. En effet cette hausse peut provenir de machines plus performantes c'est-à-dire de l'amélioration du capital. Dans ce cas l'augmentation de la productivité du travail ne sera pas imputable à l'efficacité des travailleurs mais aux moyens mis en œuvre pour rendre leur travail plus rapide.

Exercice 4

Les termes de productivité et de rentabilité sont différents.
La productivité mesure l'efficacité des travailleurs et des machines mais il s'agit uniquement des performances du côté de l'offre. Le terme de rentabilité va plus loin car il va prendre en compte la demande c'est-à-dire les acheteurs. Un produit peut être fabriqué très rapidement et la productivité de l'entreprise sera élevée. Par contre s'il ne se vend pas, la rentabilité sera nulle puisqu'il ne rapportera rien. Il est possible de calculer un taux de rentabilité qui est le rapport entre le profit et le capital engagé pour l'obtenir.

Exercice 5

Il est possible d'affirmer que la productivité d'un cinéma a augmenté quand le nombre d'entrées par salle a augmenté, quand le nombre d'entrées par film s'est accru, quand les recettes par salarié ont progressé.

Exercice 6

1. Productivité en 2008 = 3 000 000/30 = 100 000 bouteilles par salarié et par an.
2. Productivité en 2009 = 3 000 000/25 = 120 000 bouteilles par salarié et par an.
3. Le gain de productivité est de 20 000 bouteilles
   - En pourcentage : 120 000 – 100 000/100 000 x 100 c'est-à-dire une hausse de 20 %.
   - L'augmentation de la productivité s'explique par le licenciement de 5 salariés, ce qui a entraîné une baisse des coûts pour l'employeur. Les salariés restants ont augmenté leur efficacité, ont travaillé plus vite puisqu'ils ont réussi à maintenir une production identique.
4. Si l'entreprise veut encore augmenter sa productivité en 2010 de 10 % par rapport à celle de 2009 elle devra avoir une productivité de :
   120 000 x 1,1 = 132 000 bouteilles par salarié et par an, soit :
   3 000 000 x 1,1 = 3 300 000 bouteilles au total en 2010.

Exercice 7

1.

Quantité produite	Coût total (en €)	Coût moyen (en €)	Coût marginal (en €)
1	20	20	20
2	36	18	16
3	45	15	9
4	60	15	15
5	100	20	40
6	150	25	50
7	231	33	81
8	320	40	89
9	423	47	103
10	550	55	127

2. La quantité optimale à produire est **4 unités**. C'est là que le coût moyen est minimal et qu'il coupe le coût marginal. Ensuite, produire une unité supplémentaire coûtera plus cher et il faut donc arrêter la production (déséconomie d'échelle).

Exercice 8

1. Pour calculer le coût moyen (ou unitaire) il faut d'abord calculer le coût total puis diviser par le nombre d'unités produites :

- pour S1 CF + CV = 100 000 + 100 000 = 200 000 € et CM1 = 200 000/10 000 = 20 € de coût unitaire ;
- pour S2 CF + CV = 150 000 + 50 000 = 200 000 € et CM2 = 200 000/10 000 = 20 € de coût unitaire.

Il est possible de conclure que les deux entreprises ont le même coût unitaire.

2. a) Calcul des nouveaux coûts totaux :

Les coûts fixes restent les mêmes mais les coûts variables évoluent dans les mêmes proportions que la production :

- pour S1 CF1 = 100 000 € et CV1 = 100 000 × 1,25 soit 125 000 €, donc coût total S1 = 100 000 + 125 000 = 225 000 € ;
- pour S2 CF2 = 150 000 € et CV2 = 50 000 × 1,25 = 62 500 €, donc coût total S2 = 150 000 + 62 500 = 212 500 €.

b) Calcul des coûts moyen (CM) :

CM1 = 225 000/12 500 = 18 € de coût unitaire ;
CM2 = 212 500/12 500 = 17 € de coût unitaire.

Il est possible d'en conclure que les coûts moyens ont diminué pour les deux sociétés. Il existe donc des économies d'échelle et les deux entreprises ont intérêt à continuer à produire. Le coût moyen de S2 a diminué davantage que celui de S1 car les coûts fixes représentent une plus grande part du coût total chez S2.

Vers le bac

I. Les gains de productivité peuvent supprimer des emplois

- Le progrès technique est l'un des principaux facteurs permettant d'obtenir des gains de productivité. Il désigne les innovations qui perfectionnent les moyens et les méthodes de production. Les équipements deviennent donc plus performants ainsi que les travailleurs qui utilisent les nouvelles machines.
- Il est donc logique de penser qu'une hausse de la productivité va pouvoir entraîner une croissance de la production puisque, à durée du travail inchangée, chaque salarié arrivera à produire davantage. Cependant l'entreprise ne souhaitera pas forcément augmenter sa production qui risquerait de ne pas se vendre entièrement. Dans ce cas elle préférera plutôt maintenir le même niveau de fabrication en licenciant une partie du personnel devenu inutile.
- Des gains de productivité importants ont pu être obtenus avec l'utilisation croissante de machines et de procédés automatiques, ce qui a participé à la profonde mutation des secteurs d'activités mais ce qui a eu parfois des répercussions néfastes pour l'emploi.

- Alfred Sauvy dans sa théorie du déversement a montré que la perte de nombreux emplois dans l'agriculture s'explique par l'arrivée de machines performantes qui ont rendu une main-d'œuvre inutile. Celle-ci a dû se reconvertir, se « déverser » dans le secteur secondaire.
- Cependant dans l'industrie les machines de plus en plus perfectionnées, voire « intelligentes » ainsi que les robots ont substitué du capital au travail. De nombreux emplois ont été supprimés dans le secteur secondaire notamment les emplois les moins qualifiés qui ne correspondaient qu'à des tâches routinières, monotones et de simple exécution. Les ouvriers qui n'ont pas pu se reconvertir (âge avancé ou pas de qualification) sont devenus des chômeurs de longue durée.
- D'autres se sont « déversés » dans le secteur tertiaire qui lui non plus n'est plus à l'abri des licenciements. L'informatique a rendu le travail de secrétariat et de saisie de données plus efficace d'où un besoin moins important d'employés de bureau.
- Finalement, ce qui est important pour l'emploi est de savoir quelle sera la réaction des entreprises face à l'augmentation de la productivité. Si les entrepreneurs décident de conserver leurs gains de productivité sous forme de bénéfices mis en réserve afin de faire de nouveaux investissements de productivité, cela sera nocif pour l'emploi. Mais les chefs d'entreprise peuvent aussi choisir d'autres stratégies bénéfiques cette fois pour les salariés.

II. Les gains de productivité peuvent être créateurs d'emplois

- La hausse de la productivité signifie une diminution du temps de travail ou une baisse du temps d'utilisation d'une machine par unité fabriquée. Il peut être constaté alors une baisse du coût par unité produite et l'entreprise peut profiter de cette baisse pour adopter plusieurs stratégies.
- Elle a d'abord la possibilité de diminuer ses prix. Les ventes vont donc croître et attirer même des commandes de l'étranger (la hausse des exportations sera favorable à la croissance). Si la demande augmente, l'entreprise devra élever sa production, ce qui peut créer de nouveaux emplois. Les gains de productivité peuvent donc être désinflationnistes et être facteur d'embauches.
- L'entreprise peut également augmenter les salaires. La hausse du pouvoir d'achat va, de la même manière, entraîner une hausse de la demande soit dans la branche dont provient le gain, soit dans une autre. Les ventes supplémentaires engendreront une augmentation de la production et de l'emploi. D'autre part, des salariés mieux payés sont plus motivés et s'investissent davantage dans leur travail, ce qui peut laisser envisager de nouveaux gains de productivité. Un cercle vertueux peut se mettre en place.
- L'augmentation de la productivité peut aussi permettre une élévation des profits de l'entreprise qui peut investir par autofinancement sans être obligée d'emprunter avec des remboursements coûteux. Si des

investissements de capacité sont réalisés pour augmenter la capacité productive, de nouveaux emplois seront créés pour faire fonctionner les nouveaux équipements. Si l'entreprise investit dans la recherche-développement, cela lui permettra de lancer des produits nouveaux qui peuvent attirer de nombreux consommateurs tentés par les nouveautés et ressentant de nouveaux besoins.

- Pour Alfred Sauvy, avec le déversement, les emplois créés dans les nouveaux secteurs compensent largement les emplois détruits. Les tâches routinières, monotones et peu intéressantes disparaissent mais les emplois créés sont plus valorisants. Ils nécessitent certes une plus grande qualification mais favorisent le progrès et la diffusion des connaissances.

Conclusion

L'augmentation de la productivité peut conduire les chefs d'entreprise à plusieurs stratégies dont les effets peuvent être divers. Ce n'est pas le niveau des gains de productivité mais la façon dont ils sont utilisés qui influence le niveau de l'emploi. Le chômage résulte davantage d'un ralentissement de la production dû à une conjoncture défavorable plutôt qu'à des gains de productivité et des machines performantes.

THÈME 3
Marchés et prix

5 Comment se forment les prix sur un marché ?

SENSIBILISATION

Étape 1

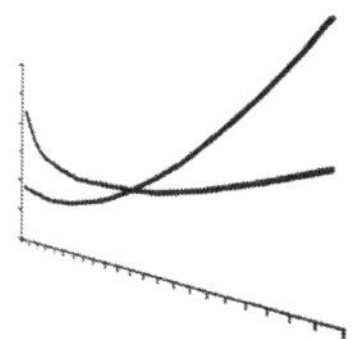
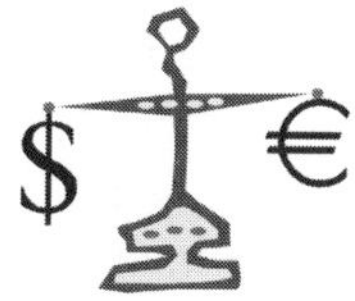

1. Pour vous qu'est-ce qu'un marché ? Au sens courant ? Au sens économique ?
   Vous pouvez vous aider des illustrations ci-dessus.
2. Quels sont les différents types de marchés que vous connaissez ?
3. Savez-vous ce qu'est un marché concurrentiel ?

Étape 2

4. D'après vous, comment est déterminé le prix de ce que vous achetez ?
5. D'après vous, une entreprise peut-elle fixer isolément le prix qu'elle souhaite ? Dans quel cas ?
6. Le consommateur peut-il avoir un rôle pour la détermination du prix ?
7. Les quantités vendues et offertes sont-elles liées au prix ?

Étape 3

1. Petit problème

Un producteur vend 1/3 de sa production. Il se lamente car s'il avait mis le prix d'un objet à 5 € au lieu de 10 € il aurait tout vendu et aurait fait 1 000 € de recettes de plus. Combien avait-il d'objets à vendre ?

Autres questions pouvant se poser à partir de ce problème :

2. Pourquoi le producteur n'a-t-il pas tout vendu ?

Plus généralement :

3. D'après vous, existe-t-il un prix « idéal » et comment y parvenir ?

Sur un marché concurrentiel, des biens et services s'échangent entre des consommateurs qui les demandent et des producteurs qui les offrent. Les quantités offertes et demandées vont dépendre du prix. Mais comment expliquer que d'innombrables vendeurs et de multiples acheteurs, chacun ne recherchant que son intérêt personnel, vont cependant arriver à se mettre d'accord sur un prix et sur des quantités ? Pour répondre à cette question il faudra expliquer la notion d'équilibre de marché. Cependant tous les marchés sont-ils concurrentiels et suivent-ils les mêmes principes pour la détermination des prix ?

I. Marché et prix : une relation complexe

1) Qu'est-ce qu'un marché ?

Le marché est une notion d'usage courant qui peut avoir différents sens. Pour les économistes le marché a une définition précise : c'est un lieu réel ou fictif sur lequel se rencontrent une offre et une demande dans le but d'aboutir à un échange. C'est un lieu de confrontation mais aussi de conciliation où se déterminent, pour chaque bien ou service, les quantités échangées et le prix de cession.

Il existe autant de marchés que de biens et services et il ne faut pas oublier le marché du travail, le marché monétaire, le marché boursier.

2) Qui a le pouvoir dans la fixation du prix ?

D'une manière générale, le consommateur achète quand le prix lui semble acceptable selon son revenu, ses goûts, les sacrifices qu'il est prêt à consentir. Dans le cas contraire, il n'achète pas. Il a cependant l'impression que le prix lui est imposé et qu'il n'a aucun pouvoir. Mais n'a-t-il pas parfois une influence ? Si lui, comme d'autres, n'achètent pas, ne va-t-il pas y avoir une baisse du prix (pour écouler la production) ?

Le producteur pensera, lui aussi, qu'il n'a pas beaucoup de pouvoir et que son prix dépendra des coûts de production. Mais qu'en est-il vraiment ?

II. La formation des prix dans un modèle de concurrence « pure et parfaite »

1) Le modèle des économistes néoclassiques

Les économistes néoclassiques, pour faire une analyse du marché et de la formation des prix, ont bâti des modèles abstraits et simplifiés pour essayer de dégager des lois économiques. Pour cela, ils ont défini des hypothèses, utilisé des modes de raisonnement, trouvé des relations entre les variables et bâti des schémas au moyen d'outils mathématiques.

Les néoclassiques se fondent sur une approche **microéconomique** c'est-à-dire qui étudie les comportements des unités économiques individuelles : le consommateur, le chef d'entreprise… Cette approche considère que les agents économiques sont parfaitement rationnels (agissent par raison et non par passion), qu'ils recherchent uniquement leur intérêt personnel et donc qu'ils veulent maximiser leur satisfaction avec le minimum de coûts (comportement de l'*Homo œconomicus*).
Les néoclassiques analysent la formation des prix principalement dans un marché de **concurrence pure et parfaite**. Les situations d'oligopole et de monopole ne sont perçues que comme des cas particuliers.
La concurrence pure et parfaite repose sur 5 conditions :

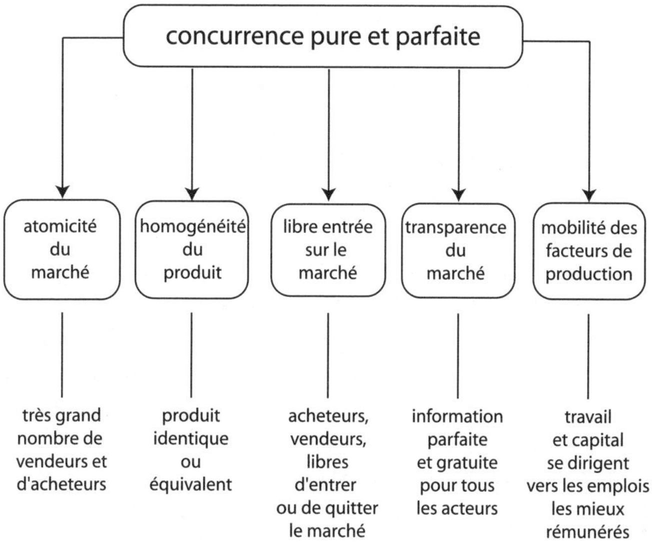

2) La loi de l'offre et la demande

La loi de l'offre et de la demande est à la base de l'économie et permet de répondre à 3 questions fondamentales :

- quels biens et services doit-on produire ?
- comment les produire et en quelle quantité ?
- pour qui doit-on produire et comment attribuer à chacun des droits sur la production réalisée ?

a) La demande

Tous les agents économiques (ménages mais aussi entreprises et administrations) ont besoin de biens et services qu'ils ne produisent pas eux-mêmes. Ils font donc appel à d'autres agents pour se les procurer.
La **demande individuelle** est la quantité d'un bien qu'un agent désire acquérir à un prix donné. Dans ce modèle, le prix est la seule variable qui agit sur la demande car l'environnement est considéré comme étant constant (cette manière de raisonner a été appliquée par l'économiste Alfred Marshall qui

pense que, pour mesurer l'impact d'une variable sur une grandeur qui dépend aussi d'autres déterminants, il faut nécessairement maintenir ces derniers constants).

Logiquement, plus le prix d'un produit est élevé, plus la quantité demandée par le consommateur est faible. Cela s'explique par le fait que l'acheteur est soumis à une contrainte budgétaire. De plus, quand le prix d'un bien augmente, le client peut le remplacer par un bien similaire (effet de substitution). Inversement quand le prix diminue, la quantité demandée par l'acheteur augmente. En effet lorsque le prix d'un bien baisse, il devient plus abordable pour le client compte tenu de ses ressources. L'importance de la réaction du consommateur à la variation du prix se mesure par l'élasticité de la demande par rapport au prix (cf. chapitre 1).

Logiquement « la demande varie en sens inverse du prix » ou « la demande est une fonction décroissante du prix ».

Cette relation est visible sur la **courbe de demande individuelle**.

La demande au marché est la somme de toutes les demandes individuelles.

La courbe de demande du marché indique la quantité totale des biens qui sera demandée à chaque niveau de prix par tous les consommateurs.

b) L'offre

L'offre est la contrepartie de la demande lors de l'échange. Les entreprises sont les fournisseurs principaux de biens ou de services marchands.

L'**offre individuelle** est la quantité d'un bien ou d'un service qu'un agent désire vendre sur le marché à un prix donné. En situation de concurrence pure et parfaite un entrepreneur est « *price taker* ». Cela signifie, qu'à lui seul, il n'a aucune influence sur le niveau du prix qui provient du marché.

Logiquement, plus le prix d'un bien est élevé, plus la quantité offerte par le producteur ou vendeur sera grande. En effet, plus le prix est fort, pour un coût de production donné, plus il est intéressant de vendre davantage pour augmenter son profit. Inversement lorsque le prix est faible, l'offre est faible. En effet la rémunération du producteur dans ce cas devient moins intéressante, ce qui ne l'incite plus à produire autant. C'est pourquoi logiquement « l'offre varie dans le même sens que le prix » ou « l'offre est une fonction croissante du prix ».

Cette relation est visible sur la **courbe d'offre individuelle**.

Il existe autant de courbes d'offre individuelle que d'entreprises.

La courbe d'offre du marché indique la quantité totale de biens qui sera offerte à chaque niveau de prix par tous les producteurs. Elle s'obtient en additionnant les quantités offertes d'un bien pour chacune des entreprises à chaque niveau de prix.

Conclusion : la « loi de l'offre et de la demande » correspond aux réactions opposées des vendeurs et des acheteurs lorsque les prix varient sur un marché.

3) La détermination du prix et de la quantité d'équilibre

La confrontation entre l'offre et la demande permet d'aboutir progressivement à un **prix d'équilibre**.

Le prix d'équilibre est celui pour lequel les quantités offertes par les entreprises et les quantités demandées par les acheteurs s'égalisent. À ce prix (et à lui seul) tout ce qui est offert est vendu et toutes les quantités souhaitées sont achetées.

L'équilibre apparaît de la manière suivante :

- si **offre** > **demande** → surproduction → baisse des prix → baisse de l'offre car les perspectives de profit diminuent → hausse de la demande car les prix sont attractifs ;
- si **offre < demande** → pénurie → hausse des prix → hausse de l'offre → baisse de la demande car le produit devient trop cher pour certains.

Du côté des offreurs il n'y a donc ni surproduction ni pénurie de biens. Du côté des acheteurs il n'y a pas de manque ni de surconsommation. Avec un prix trop élevé, les offreurs se rendent compte qu'ils ne peuvent pas vendre tout ce qu'ils voudraient. Certains commencent à baisser leurs prix en espérant récupérer une partie de la clientèle des autres producteurs. Cependant, quand un offreur baisse son prix, ses concurrents sont obligés de faire de même sinon ils perdront tous leurs clients. Mais si les prix diminuent, la demande augmentera. Le processus va se poursuivre et par tâtonnement le marché atteindra le prix et la quantité d'équilibre grâce à un mécanisme d'ajustement.

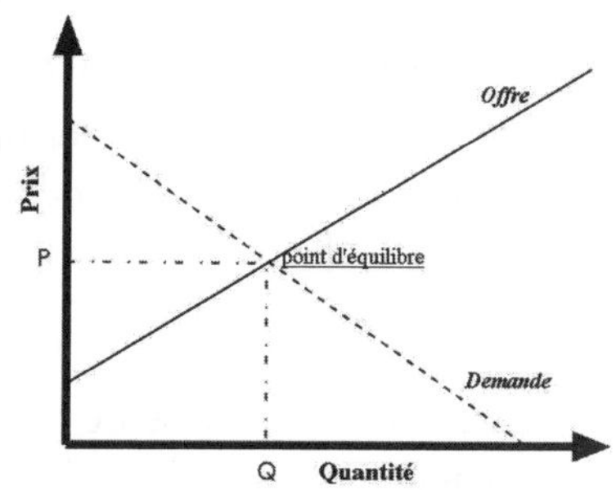

C'est pourquoi, dans un marché de concurrence pure et parfaite, chaque entreprise n'a aucun pouvoir sur le prix du bien qu'elle produit. Elle est, en effet, obligée de pratiquer le prix du marché car, tout prix même légèrement supérieur aux concurrents, lui ferait perdre toute sa clientèle. À l'inverse, un prix inférieur aux concurrents ne serait pas non plus une bonne solution. L'information étant parfaite, les concurrents ajusteraient aussitôt leur prix au même niveau, ce qui provoquerait la baisse du profit pour toutes les entreprises.

D'autre part cet équilibre est **stable**. Le fonctionnement de la loi de l'offre et la demande nécessite néanmoins une parfaite flexibilité des prix (pas de prix bloqué ou imposé par l'État) En effet ce sont les mouvements de prix qui sont susceptibles de rétablir l'équilibre à la suite d'un changement quelconque dans les conditions du marché. Si le prix d'un bien s'écartait de son niveau d'équilibre, il y reviendrait automatiquement.

D'après les économistes libéraux et notamment Léon Walras, le rôle du marché ne s'arrête pas à l'équilibre sur un marché particulier mais permet également d'assurer l'équilibre général.

III. Les rôles de l'offre et de la demande sur les évolutions du niveau des prix

1) Le raisonnement « toutes choses égales par ailleurs »

L'analyse néoclassique, parmi toutes les variables pouvant influencer l'offre et la demande a isolé un seul facteur : le prix, et a supposé que tous les autres facteurs étaient **constants**. Le prix d'équilibre (où offre = demande) est atteint par tâtonnement grâce à un mécanisme d'ajustement.

Les économistes utilisent l'expression « toutes choses égales par ailleurs » ou en latin « *ceteris paribus* » pour signifier que toutes les variables, à l'exception de celle étudiée sur le moment (ici le prix) sont maintenues constantes c'est-à-dire sont gelées pour la circonstance.

Cela est valable pour une courte période mais, à plus long terme les courbes d'offre et de demande ne restent pas figées. Cela signifie que les variations de quantités échangées et des prix ne se font plus seulement le long des courbes. Les courbes elles-mêmes se déplacent aussi globalement vers la droite ou vers la gauche sous l'effet de nombreux facteurs (qui ne seront plus considérés comme constants). Il est intéressant de les connaître car ils auront des répercussions sur les prix.

2) Les facteurs de déplacement de la courbe de demande

Chaque fois que l'un des déterminants de la demande est modifié, à l'exception du prix, la courbe de demande subit une translation. Parmi les principaux facteurs de déplacement de la courbe de demande, il faut noter :

- **Le revenu :** l'augmentation du revenu, toutes choses égales par ailleurs, conduit à augmenter la quantité demandée des biens à chaque niveau de prix. La courbe de demande sera donc poussée vers la droite. Par contre, si ses revenus diminuent, l'individu diminuera globalement ses dépenses. La courbe de demande est poussée vers la gauche.
- **La modification des prix relatifs :** les variations des prix des autres biens peuvent affecter la demande d'un bien A. En effet si le prix des biens comparables au bien A baisse, le consommateur achètera davantage de biens jugés similaires et diminuera par contre sa consommation de bien A. Quand la baisse du prix d'un produit réduit la demande d'un autre produit, ces deux biens sont dits **substituables**. Exemples : le beurre et la margarine.

Cependant quand la baisse du prix d'un bien suscite une augmentation de la demande d'un autre bien, ces deux produits sont dits **complémentaires**.

Ex. : la baisse du prix des ordinateurs qui entraîne une augmentation de la demande de clés USB.

La modification des prix relatifs déplace également la courbe de demande d'un bien, puisqu'à chaque prix, la demande augmentera ou diminuera (avec un déplacement de la courbe vers la droite ou la gauche).

- **Les goûts :** déterminant fondamental puisque, si l'on aime un produit, on en consommera beaucoup. Comme les goûts peuvent changer, les économistes étudient les répercussions sur la demande.
- **Les anticipations :** les prévisions concernant l'avenir jouent également un rôle car, si l'individu anticipe une augmentation future du prix d'un bien (comme l'essence), il pourra acheter davantage dans le présent pour faire d'éventuelles réserves. Par contre, l'anticipation d'une baisse de prix va conduire à attendre et à différer sa demande. Là encore, un déplacement des courbes de demande aura lieu, dans le premier cas vers la droite et dans le deuxième vers la gauche.
- **Le nombre d'acheteurs :** une augmentation de la clientèle se traduira par une augmentation de la demande et d'un déplacement de la courbe vers la droite tandis qu'une perte de clientèle (sur un produit obsolète ou de mauvaise qualité) se traduira par un déplacement de la courbe de demande vers la gauche. De même la demande va s'accroître en cas d'augmentation de la population.

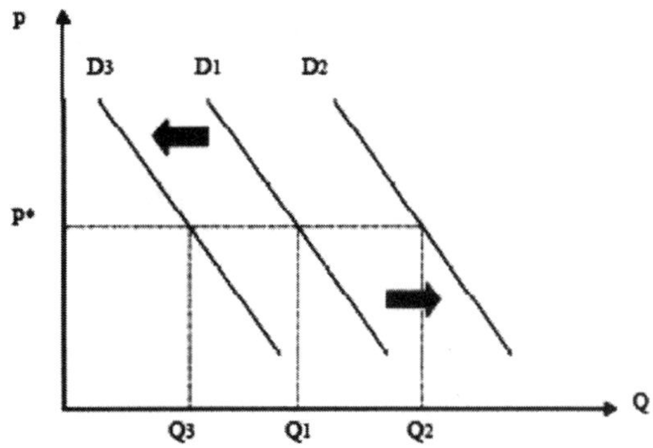

Quelle que soit l'origine, à offre constante, le déplacement de la courbe de demande modifie le prix d'équilibre. Dans le graphique ci-contre le prix passe de p1 à p2.

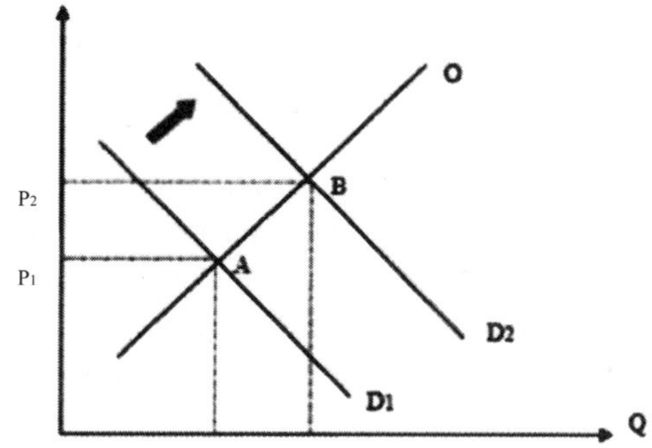

3) Les facteurs de déplacement de la courbe d'offre

a) Le progrès technique

Le progrès technique est générateur de gains de productivité. Le coût marginal d'un bien va donc diminuer pour une quantité donnée. Les entreprises produiront davantage puisque cela augmente leur profit. La courbe d'offre sera déplacée vers la droite (de Q_1 vers Q_2).

b) La variation du prix des facteurs de production

Toutes choses égales par ailleurs, si le prix d'une matière première augmente, le coût marginal du produit final va lui aussi augmenter aussi l'entreprise sera incitée à réduire son offre pour chaque niveau de prix. Il y aura un déplacement de la courbe d'offre vers la gauche (cf.Q_3).

c) **Les anticipations**

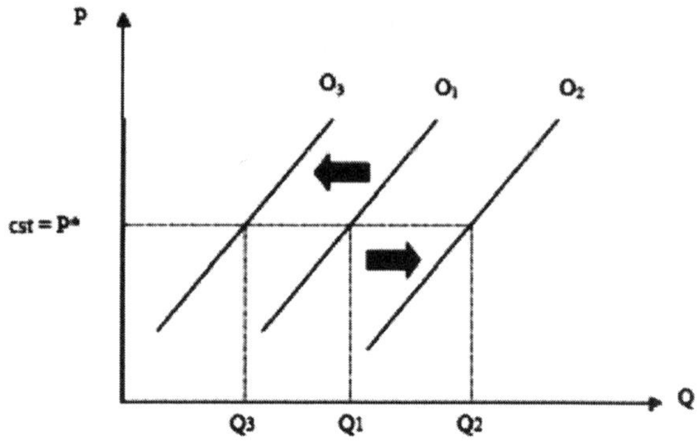

Si les offreurs anticipent une augmentation du prix de leurs produits dans le futur proche, ils vont certainement stocker une partie de leur production actuelle et donc réduire leur offre sur le marché (déplacement de la courbe vers la gauche).

Quelle qu'en soit l'origine, à demande constante, le déplacement de la courbe d'offre va modifier le prix d'équilibre.

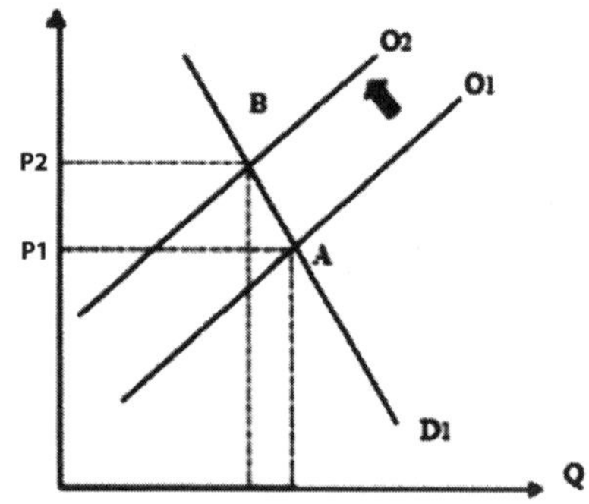

Les déplacements des courbes d'offre et de demande expriment qu'à terme les ajustements se font par les quantités.

Conclusion

Sur un marché de concurrence pure et parfaite, la fixation des prix résulte donc des actions individuelles de tous les agents économiques (offreurs et demandeurs). Cependant aucun d'entre eux n'a la possibilité d'agir individuellement sur son niveau. Le prix se fixe automatiquement par tâtonnement et quel que soit son niveau à un moment donné, les mécanismes du marché (s'ils ne sont pas entravés par l'État), le feront tendre vers le prix d'équilibre. Les entreprises savent quels biens produire et quels investissements réaliser, les consommateurs savent utiliser leur revenu de façon à rendre leur satisfaction optimale.
Cependant la réalité est plus complexe car il existe différentes structures de marché. La concurrence pure et parfaite n'est qu'un modèle théorique et particulier.
Les marchés peuvent être sous des formes diverses :

- **Monopole :** dans ce cas l'entreprise est seule sur son marché à proposer des biens ou services. Elle est donc « *price maker* » ou « faiseur de prix », c'est pourquoi les prix sont en général très élevés. Exemple : la SNCF.
- **Oligopole :** un petit nombre de firmes se partagent le marché et il peut y avoir deux stratégies. Si les entreprises décident de s'entendre (oligopole de paix) cela conduit à un prix de monopole. Si une entreprise souhaite éliminer les autres il existera un « oligopole de guerre » qui amènera à une situation de concurrence. Le prix pourra alors se fixer selon la loi de l'offre et la demande.
- **La concurrence monopolistique :** dans ce cas, il y a une multitude d'entreprises (concurrence) mais chacune va essayer de se retrouver en situation unique (monopole) par la qualité différente ou un surplus

original rajouté à sa production. L'influence du producteur sur le prix ne sera pas nulle mais restera néanmoins limitée.

L'analyse des marchés est donc complexe.

EN SAVOIR PLUS

Un auteur : Alfred Marshall

Économiste anglais (1842-1924). Auteur d'une théorie des prix, il se situe dans une logique d'équilibre partiel ou sur un marché. Pour lui, en courte période, l'offre est donnée et seule l'utilité exerce une influence sur les prix. À long terme les capacités de production peuvent être modifiées et les coûts ont alors un rôle central dans la détermination du prix.

Principal ouvrage : *Principes d'économie politique (1890)*

Un auteur : Léon Walras

Économiste français (1834-1910). Selon lui le marché amène automatiquement à un équilibre général. Le libre jeu de la concurrence conduit à la formation d'un système de prix qui assure l'équilibre entre l'offre et la demande sur tous les marchés, équilibre qui correspond toujours à la meilleure allocation des ressources.

Principal ouvrage : *Éléments d'économie politique pure (1874-1877)*

CURIOSITÉ

L'indice des prix à la consommation (ou IPC)

Définition et utilité

L'indice des prix à la consommation (IPC) mesure le niveau général des prix des biens et services consommés par les ménages (avec l'attribution d'une pondération). La variation de cet indice entre deux périodes données mesure donc l'inflation mais permet aussi de faire des comparaisons internationales, de servir de base pour revaloriser le SMIC ou certaines pensions. Il s'agit d'un indicateur utile pour les gouvernements, les économistes, les chefs d'entreprise. Mais comment est-il construit ?

La complexité de son élaboration

L'INSEE constitue chaque année un échantillon de biens et services représentatifs de la consommation des foyers qui comporte plus de 110 000 produits élémentaires. Pour cela il collecte chaque mois plus de 200 000 prix (dans les communes de plus de 2 000 habitants) dans une grande variété de types de magasins et d'agglomérations. Des indices intermédiaires sont calculés et leur agrégation donne l'indice général. Comme tous les articles ne sont pas consommés dans les mêmes quantités, l'INSEE doit affecter aux biens et services des pondérations correspondant à la part de chacun dans la consommation moyenne des ménages.

LES MOTS CLÉS

- **Déflation :** baisse du niveau général des prix. À ne surtout pas confondre avec la désinflation.
- **Désinflation :** diminution du taux d'inflation. Les prix augmentent toujours mais le pourcentage d'augmentation est moins élevé que dans les périodes précédentes.
- **Inflation :** augmentation durable du niveau général des prix. Attention lorsque le prix de quelques biens augmente, il n'y a pas forcément inflation car les prix des autres biens peuvent stagner ou diminuer.
- **Prix relatifs :** rapport de prix entre les biens considérés deux à deux. Par exemple en période d'inflation certains prix augmentent plus vite que d'autres, ce qui modifie les prix relatifs.

5. Les indices simples

Un indice est un outil statistique qui permet de comparer des grandeurs dans l'espace (indice de répartition) ou dans le temps (indice d'évolution) à travers leur rapport.
Pour calculer un indice il faut disposer d'au moins deux valeurs dont l'une servira de base, c'est-à-dire de référence, et sera mise au dénominateur. Toutes les grandeurs seront comparées à cette donnée choisie comme base, ramenée par convention à l'indice 100.

Les indices de répartition

Ils servent à effectuer des comparaisons entre des éléments différents (pays, entreprises, catégories sociales…) mais à une même date.
On va choisir une valeur de référence à laquelle on va donner la valeur 100 et l'on va déterminer la valeur relative de tous les autres éléments par rapport à cette base.

$$I = \frac{\text{valeur d'une grandeur observée}}{\text{valeur de référence}} \times 100$$

Les indices d'évolution

Très utilisés en SES, ils servent à mesurer la variation d'une grandeur dans le temps et sont pratiques même s'il existe un grand nombre de dates. Exemple : l'évolution d'un prix.
Si l'on veut calculer l'indice d'une grandeur à la période de temps t_1 par rapport à une période de temps t_0, le calcul se fera de la manière suivante :

$$I\, t_{1}/t_{0} = \frac{\text{valeur en } t_1}{\text{valeur en } t_0} \times 100$$

Un indice supérieur à 100 signifie une hausse. Un indice inférieur à 100 signifie une baisse.
Il ne peut jamais être négatif.
Ensuite l'indice est transformé en pourcentage selon la formule :
Taux de variation = indice – 100
Exemple : le prix d'un bien passe de 34 euros en 2008 à 35 euros en 2010. Calculez l'indice du prix du bien en 2010 par rapport à 2008. Que pouvez-vous en conclure ?
Solution : $I_{2010/2008} = 35/34 \times 100 = 102{,}9$ (attention, un indice est un nombre pur, sans unité).
Le prix du bien est passé de l'indice 100 en 2008 à l'indice 102,9 en 2010, ce qui signifie que le prix a augmenté de 102,9 – 100 = 2,9 soit 2,9 % en 2 ans.

Avec les indices il est possible d'inverser la base

Dans notre exemple cela revient à calculer quel était le prix de 2008 par rapport à celui de 2010 :

$I_{2008/2010} = 34/35 \times 100 = 97{,}14$ ce qui signifie que le prix en 2008 n'était que de 97,14 % de ce qu'il est en 2010. Autrement dit le prix était :
100 – 97,14 = 2,86 c'est-à-dire 2,86 % moins élevé en 2008 qu'en 2010.

⚠ **Attention ! Dans ce cas il serait aberrant d'affirmer que le prix a diminué de 2,86 % car 2008 est avant 2010 ! (Erreur qui cependant n'est pas si rare pour les élèves inattentifs !)**

Comparaison de deux indices

Quand il y a une variation différente de 2 indices dans une même période, pour les comparer, il faut faire le rapport des 2 (et surtout ne pas soustraire l'un de l'autre).
Exemple **:** entre 1990 et 2010 la production de l'entreprise A est passée de l'indice 100 à l'indice 170 et celle de l'entreprise B de l'indice 100 à 120. Quelle est l'évolution de la production de l'entreprise A par rapport à B ?
Réponse **:** On calcule 170/120 = 1,41 ce qui signifie que la production de A a augmenté de 41 % **de plus** que celle de B (et non de 50 % qui auraient été obtenus par une soustraction).

Pour en finir avec les indices

- L'indice correspond au coefficient multiplicateur multiplié par 100 (une hausse de 30 % se traduit par un coefficient multiplicateur de 1,3 et par l'indice 130).
- La différence entre deux indices se mesure en points.
- Une série en indices est beaucoup plus lisible qu'une série en valeurs absolues. Cependant il ne faut pas commettre l'erreur de penser qu'un indice plus élevé traduit une grandeur absolue plus élevée.
- Si l'on veut calculer (comme l'INSEE) la hausse des prix d'un ensemble de produits (et non plus d'un seul bien), on utilise l'indice pondéré par la part de chaque produit dans l'ensemble appelé I :
  $I = (a\ \%\ i_1) + (b\ \%\ i_2) + \ldots + (t\ \%\ i_n)$ n étant le nombre de produits.

✱ Exercice 1 : Vrai/Faux

A. Sur un marché de concurrence pure et parfaite, le prix est une fonction indépendante de l'offre d'une entreprise isolée.

Vrai/Faux

B. Pour tous les produits, la variation du prix agit de la même façon.

Vrai/Faux

C. Quand la demande est supérieure à l'offre les prix ont tendance à baisser.

Vrai/Faux

D. Le prix d'équilibre est le prix qui permet à l'entreprise d'équilibrer ses recettes et ses dépenses.

Vrai/Faux

E. Les prix des croissants et de la brioche sont liés car il s'agit de biens qui peuvent se substituer en partie l'un à l'autre.

Vrai/Faux

✱ Exercice 2

La notion de marché est très vaste. Trouvez des expressions où le terme de marché apparaît (des différents lieux et formes de marché mais aussi des actions liées au marché).

✱✱ Exercice 3

Dans le cas des « biens Giffen » pourquoi la « loi de la demande » n'est-elle pas respectée ? Expliquez.

✱✱ Exercice 4

Indiquez les conséquences des différents événements suivants sur la demande et/ou l'offre du bien A :

1. une hausse des prestations familiales des ménages ;
2. une baisse du prix d'une matière première ;
3. la lassitude pour un bien ;
4. une variation du prix du bien ;
5. l'augmentation du prix d'un produit comparable.

✱✱ Exercice 5

Considérons un marché local de grands vins avec les ventes journalières en litres :

Prix de la bouteille (en euros)	Quantité offerte	Quantité demandée
10	1	10
12	2	9
15	3	8.5
18	4	8
20	5	7
22	6	6
40	7	4
60	8	3
80	9	2
100	10	1

1. D'après ce tableau quel sera, sur le marché de ce vin le prix d'équilibre et pourquoi ?
2. Représenter graphiquement le processus de fixation de ce prix d'équilibre.

Sur l'indice des prix à la consommation (IPC)

✱ Exercice 6

Pourquoi l'échantillon des biens et services retenus pour fixer l'indice des prix est-il actualisé tous les ans ?

✱✱✱ Exercice 7

Document

(En matière d'inflation) comment expliquer l'écart entre ce qui est perçu par le consommateur et ce qui est mesuré par l'INSEE ? Première explication : lorsque le prix d'un bien augmente, l'INSEE regarde si cela provient d'une amélioration de qualité (par exemple, le téléphone portable intègre désormais une fonction photographie). Cette amélioration n'est pas comptabilisée comme hausse de prix. Mais le consommateur, lui, regarde la note qu'il doit régler, pas les raisons pour lesquelles cette note augmente... La part des dépenses de loyers et de carburants, deux postes qui ont beaucoup augmenté, est beaucoup plus lourde pour les ménages modestes... Leur domicile est en général plus éloigné de leur lieu de travail. D'où pour ces ménages, une progression du

coût de la vie supérieure à ce que mesure l'INSEE, qui raisonne en moyenne. Enfin, chaque ménage regarde ce dont il dispose alors que l'INSEE mesure le pouvoir d'achat des ménages dans leur ensemble.

Denis Clerc, *Alternatives économiques*, n° 241, novembre 2005.

Pourquoi les consommateurs ont-ils l'impression que les prix augmentent plus vite que ne le montre l'indice de L'INSEE ?

Sur les calculs d'indices

✱ Exercice 8

Le prix d'un produit a augmenté de 135 % en 40 ans. Il est passé de l'indice 100 à quel indice ? Justifiez votre réponse.

✱ Exercice 9

Une grandeur est passée de l'indice 110 à l'indice 150. De combien a-t-elle varié en pourcentage ?

✱✱ Exercice 10

La production d'une usine de confiserie était à l'indice 100 en l'an 2000 quand elle produisait 600 tonnes de chocolat. Cette année la production est à l'indice 112. Quel est le tonnage produit cette année ?

✱✱✱ Exercice 11

Une entreprise produit 150 objets en l'an 2000. En l'an 2010, 420 objets. Par rapport à 2010, exprimez l'indice de la production en 2000. Que pouvez-vous en conclure ?

Vers le bac

Objectif : savoir interpréter des documents

Problème

Les deux schémas ci-dessous représentent un marché local de cornets de glace aux abords d'une plage. Le prix est celui d'un cornet.

D'après le schéma n° 1 ci-contre :

1. Quelle est la situation sur le marché au prix de 2,50 € ?
2. Quelle en est la conséquence ? Expliquez.

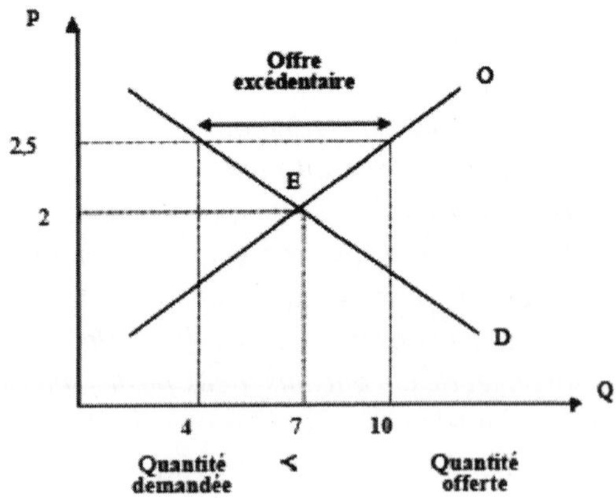

SCHÉMA N° 1

3. À partir du schéma n° 2 ci-contre, quelle est la situation du marché au prix de 1,50 € ?
4. Quelle en est la conséquence ?
5. Que pouvez-vous en conclure sur le prix d'équilibre ?

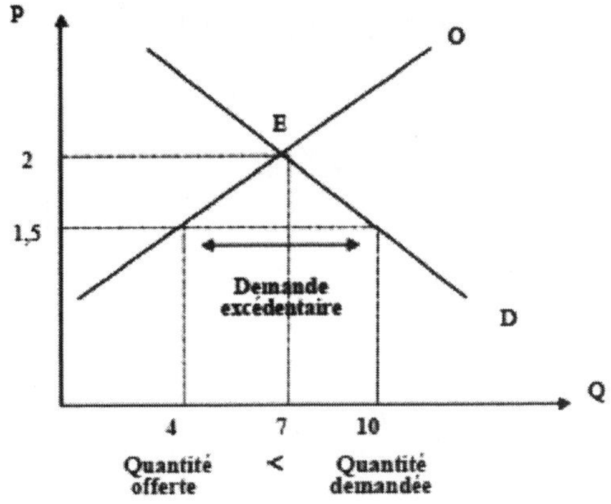

SCHÉMA N° 2

résumé de cours
exercices
contrôles
corrigés

Corrigé des exercices

La sensibilisation

Étape 1

1. cf. analyse I. 1)
2. cf. analyse I .1)
3. Il s'agit d'un marché où il existe une multitude de vendeurs et une multitude d'acheteurs. La concurrence peut être pure et parfaite (cf. analyse) ou monopolistique (dans ce dernier cas chaque producteur essaiera de donner à son produit un caractère unique alors que dans la concurrence pure et parfaite, le produit est semblable quel que soit le vendeur).

Étape 2

4. Le prix d'un bien dépend de son coût, de la demande et de la concurrence.
5. En cas de concurrence, une entreprise ne peut fixer isolément son prix. Par contre, s'il y a monopole (un seul vendeur), l'entreprise pourra imposer son prix.
6. Les consommateurs ont une influence car, s'ils trouvent les prix trop élevés, ils n'achèteront pas et les vendeurs seront obligés de diminuer leurs prix.
7. Les quantités offertes et demandées sont bien sûr liées aux prix. Il est évident que les consommateurs demanderont une faible quantité de biens dont les prix sont élevés et inversement les entreprises ne voudront pas produire pour un prix trop faible.

Étape 3

1. Réponse au problème : le producteur vend 1/3 de sa production à 10 € l'objet. Si ces objets avaient été à 5 €, pour la même recette il aurait fallu fabriquer 2 fois plus d'objets d'où 1/3 + 1/3 = 2/3 de la production. Or le 3e tiers doit représenter 1 000 € à 5 € l'objet, donc 1 000/5 = 200 objets. Le producteur a donc produit 200 x 3 = 600 objets.
2. Le producteur n'a pas tout vendu car son prix était jugé trop élevé.
3. Il n'est pas facile de déterminer le prix idéal (qui sera celui d'équilibre).

Les exercices

Exercice 1

Question	Réponse	Explication
A	Vrai	
B	Faux	
C	Faux	Au contraire les prix augmentent pour aller à l'équilibre.
D	Faux	Prix pour lequel les quantités offertes = les quantités demandées.
E	Vrai	

Exercice 2

- Différents lieux et formes de marché : le marché couvert, le marché aux fleurs, le marché à la criée, le marché automobile, le supermarché, l'hypermarché, la place du marché, le marché noir, le marché boursier, le marché du travail, le marché commun, le marché des permis négociables (voir chapitre suivant).
- Actions liées au marché : faire son marché, passer un marché, conclure un marché, acheter bon marché, faire une étude de marché, conquérir un marché, avoir le marché en main.

Exercice 3

En général la demande est une fonction décroissante du prix c'est-à-dire que lorsque le prix d'un bien augmente la demande diminue. Il existe cependant des exceptions et notamment pour les biens dits « Giffen » qui sont les biens de première nécessité comme le pain ou les pâtes (cf. chapitre 1). Même quand leur prix augmente la demande augmente aussi surtout chez les pauvres car les autres biens deviennent encore plus inaccessibles en cas de période d'inflation où tous les prix s'élèvent. Les pauvres qui voient leur pouvoir d'achat diminuer sont obligés de réduire leur consommation de produits plus onéreux (comme la viande). Les produits de première nécessité restent les marchandises les moins chères si bien qu'une hausse de leur prix s'accompagne également d'une hausse de leur consommation.

Exercice 4

1. Déplacement de la courbe de demande vers la droite.
2. Déplacement de la courbe d'offre vers la droite.
3. Déplacement de la courbe de demande vers la gauche.
4. Mouvement le long de la courbe de demande.
5. Déplacement de la courbe de demande vers la droite.

Exercice 5

1. Le prix d'équilibre sera de **22 €** car, à ce prix, l'offre est égale à la demande. La quantité optimale sera donc de **6 litres**.
2. Représentation graphique :

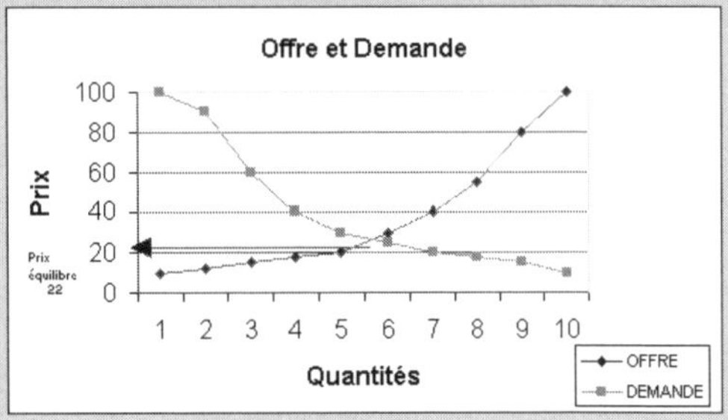

Exercice 6

L'échantillon des biens et services retenus pour fixer l'indice des prix est actualisé tous les ans car il faut tenir compte des innovations et du prix des nouveautés (en général élevé), modifiant ainsi la structure des prix. Il faut également observer que certains produits deviennent obsolètes, sont moins consommés, voire disparaissent. Cela n'aurait alors aucun sens de les garder dans l'échantillon. Le choix des produits est cependant complexe compte tenu de la grande diversité des biens en termes de quantité et de qualité.

Exercice 7

L'INSEE ne considère pas qu'il y ait augmentation réelle du prix quand la qualité du produit augmente. Il défalque (c'est-à-dire enlève) la valeur du perfectionnement. Le consommateur, lui, ne prend pas en compte l'amélioration car souvent il n'a plus le choix entre l'ancien produit (qui disparaît) et le produit amélioré qu'il est obligé de payer plus cher. Il ne voit que la hausse du prix. D'autre part l'individu est sensible à ce qu'il dépense personnellement alors que l'INSEE prend tellement de produits dans son échantillon que cela minimise l'effet de chacun. Un consommateur qui use beaucoup d'essence aura davantage l'impression qu'il y a une forte inflation par rapport au piéton. Il y a donc une part de subjectivité lorsque l'on pense que les prix augmentent.

Exercice 8

Si le prix d'un produit a augmenté de 135 % en 40 ans il est passé de l'indice 100 à **235** car pourcentage d'évolution = indice – 100, ce qui correspond à 135 = 235 – 100.

Exercice 9

Si une grandeur passe de l'indice 110 à l'indice 150, il ne faut pas tomber dans le piège et affirmer qu'elle a augmenté de 40 % ce qui est faux (car la base est 100 et non 110).

En fait la bonne réponse est :
$V_A - V_D/V_D \times 100 = 150 - 110/110 \times 100$ c'est-à-dire une hausse de **36,36 %**.

Exercice 10

De l'an 2000 à aujourd'hui, la production est passée de l'indice 100 à l'indice 112. Elle a donc augmenté de 12 %, soit un coefficient multiplicateur de 1,12.
La production : 600 × 1,12 = 672 tonnes cette année.

Exercice 11

Indice de la production en 2000 en prenant pour base 2010 :
$I_{2000/2010} = 150/420 \times 100 = 35{,}71$ ce qui veut dire qu'en 2000 la production n'était que de **35,71 %** de ce qu'elle est en 2010 ou la production en 2000 était 100 – 35,71 = **64,29 %** moins élevée qu'en 2010.

Vers le bac

1. Au prix de 2,50 €, la quantité demandée est de 4 cornets mais la quantité offerte est de 10 cornets. Il existe donc une offre excédentaire ou un surplus de production.
2. Comme les vendeurs ont un surplus de glaces invendues, ils vont baisser le prix des cornets pour augmenter leurs ventes. Lorsque le prix baisse, la demande va augmenter, l'offre va diminuer et il y aura retour à l'équilibre.
3. Au prix de 1,50 €, la quantité demandée est de 10 cornets mais la quantité offerte par les vendeurs n'est que de 4 cornets. La demande est donc excédentaire, les consommateurs sont « **en état de légitime dépense** » mais il y a pénurie de glaces.
4. Comme les acheteurs sont prêts à acheter davantage, les vendeurs peuvent augmenter leurs prix sans perdre de clients. Lorsque le prix augmente, la demande va diminuer mais l'offre va augmenter, ce qui conduira à l'équilibre.
5. **Finalement le prix d'équilibre se situe à 2 €**. À ce prix les quantités offertes sont égales aux quantités demandées soit **7 cornets**.

6 La pollution : comment remédier aux limites du marché ?

SENSIBILISATION

Les différentes pollutions et leur origine

Types de pollution	Exemples
Pollution de l'air	– composés organiques volatiles (hydrocarbures, solvants) provenant de certains procédés industriels, raffinage du pétrole, imprimerie, ameublement – insecticides, fongicides – effet de serre (réchauffement de la planète) dû à la concentration de gaz carbonique – rejets de dioxyde de soufre (transports, chauffages) – rejets d'oxyde d'azote (circulation)
Pollution de l'eau	– déchets comme les substances organiques (épuisement de l'oxygène dissous) – agents toxiques tels qu'engrais, produits chimiques, pesticides, pétrole provenant de l'agriculture, des industries agroalimentaires – substances radioactives provenant de l'activité nucléaire
Déchets	– ordures
Pollution des sols	– infiltrations à partir des nombreuses décharges – multiplication des emballages (plastique, cartons, papiers) – cristallisations d'anciennes usines (métaux lourds)
Bruit et nuisances diverses	– aéroports, lignes TGV – odeurs d'usines – pollution visuelle (publicités, tags) – pollution lumineuse

En vous inspirant du document ci-dessus mais aussi de votre réflexion personnelle :

1. Qui est responsable de la pollution dans notre pays ?
2. Pourquoi les entreprises sont-elles la source de nombreuses activités polluantes ?
3. D'après vous, qui paye les conséquences néfastes de la pollution ?
4. Pourquoi est-il si difficile de lutter contre la pollution ?
5. Qu'est-ce qui pourrait dissuader les pollueurs de continuer à polluer ?

ANALYSE

L'environnement est un bien public dont tout le monde a la jouissance sans nécessairement en payer le prix. Cette « gratuité » a entraîné des gaspillages, un épuisement des ressources naturelles, des changements climatiques (réchauffement de la planète) qui remettent en question l'idée d'un **développement durable**. Les dégradations de l'environnement causées par la croissance économique ne peuvent continuer sans risquer de compromettre le développement futur. C'est pourquoi les États ont été amenés à envisager diverses solutions pour préserver notre milieu naturel. Mais en quoi consistent ces solutions ? Sont-elles simples à mettre en œuvre ? Efficaces ? L'État doit-il toujours intervenir ou des négociations privées sont-elles également possibles ?

I. Pourquoi le marché est-il inefficace dans la protection de l'environnement ?

Dans certains cas le marché connaît un dysfonctionnement car il ne prend pas en compte les conséquences de l'activité de certains agents économiques. C'est le cas notamment pour les problèmes de pollution qui engendrent « des externalités négatives ».

1) Que sont les externalités ?

Il existe un effet externe ou une externalité quand l'action d'un agent économique a un impact sur d'autres agents sans qu'il y ait de transactions sur un marché (compensation ou rémunération).

L'externalité peut être **positive** quand elle procure une amélioration de bien-être pour d'autres agents. Par exemple l'élévation du niveau de formation d'un individu va profiter à lui-même mais aussi à son entourage (par diffusion des connaissances). L'individu formé sera plus productif dans son entreprise et participera donc au bien-être collectif. Cet exemple traduit bien le fait que des choix individuels peuvent changer (ici améliorer) la situation du reste de la collectivité. De même, les innovations technologiques permettent à de nombreuses entreprises d'augmenter leur productivité…

L'externalité peut être **négative** quand elle provoque la diminution du bien-être ou des nuisances pour d'autres agents. La pollution en est l'une des principales et c'est celle qui sera examinée dans ce chapitre puisqu'elle pose de nombreux problèmes.

2) Les problèmes posés par les externalités

Les fumées ou autres déchets déversés par certaines usines entraînent de nombreux désagréments pour tous ceux qui les subissent (voisins voire population tout entière, selon la gravité de la pollution). Cela va générer des coûts divers (de dépollution, de frais médicaux pour les asthmatiques par exemple…) et dès lors, les prix du marché ne vont pas refléter la totalité des coûts, les coûts externes n'apparaissant pas.

Comme les pollueurs ne sont pas sanctionnés et que les dommages ne coûtent rien à leurs auteurs, ils continuent leur activité polluante. L'entreprise poursuit sa production (il y a même surproduction) surtout si elle n'a pas à payer pour se débarrasser de ses déchets. Elle économise, même dans ce cas des coûts de production, bénéficiant dès lors d'une meilleure productivité et compétitivité. Pourquoi aurait-elle alors des scrupules et limiterait-elle son activité ?

Il est rationnel alors que les agents économiques ne tiennent compte que de leurs avantages et **coûts privés** et non des **coûts collectifs (ou sociaux)** qui découlent des externalités.

Le marché s'avère donc défaillant sur ce point. N'y a-t-il pas un moyen pour que le système de prix reflète mieux l'ensemble des coûts ?

L'État est intervenu mais des solutions privées ont également été proposées pour limiter l'impact négatif des externalités.

II. Une solution : l'internalisation des effets externes par l'État

Compte tenu des externalités négatives, l'État, institution d'intérêt collectif va trouver légitime d'intervenir pour limiter les nuisances. Il peut provoquer une « internalisation » c'est-à-dire rétablir une situation plus « équitable » en faveur des agents défavorisés et au détriment des agents qui bénéficient de l'effet externe. La finalité est que chaque responsable d'une externalité supporte, en plus du coût privé, le coût social de son activité. L'intervention étatique peut s'opérer de plusieurs manières. Il existe des politiques contraignantes (normes) et des politiques **incitatives** (taxes, subventions).

1) La réglementation pour limiter la pollution

L'État peut intervenir par le biais d'instruments réglementaires : normes, interdictions (ex. : le bruit après 22 heures), permis, zonages, quotas, restrictions d'utilisation…

Un autre élément est l'instauration d'un système de sanctions. Le but est alors de provoquer une **incitation** à limiter le niveau de pollution (cf. ci-dessous).

2) La taxation incitant les pollueurs à limiter leur activité : le principe du « pollueur payeur »

a) Le principe

Le principe du « pollueur payeur » a été proposé dès 1932 par l'économiste britannique **Arthur Pigou**. Il consiste à faire supporter les coûts des pollutions par ceux qui en sont à l'origine. Il découle de l'éthique de responsabilité.
Il s'agit d'introduire dans le calcul économique des agents le coût de la dégradation du bien collectif.
Le but est d'abord d'inciter le pollueur à diminuer ses nuisances mais il existe également une volonté de compensation. En effet, les entreprises vont payer à l'État une taxe sensée combler les dépenses des ménages et/ou de la collectivité victimes de la pollution.
Cette taxation doit permettre pour Pigou de relever le coût privé jusqu'à ce qu'il soit équivalent au coût social. Elle devient dès lors un moyen d'éliminer ou du moins de réduire les défaillances du marché. Cependant elle doit être bien calculée car, trop faible, elle serait inutile et trop forte, stopperait la production.

b) Les limites du principe « pollueur payeur »

- Comment chiffrer le montant d'un préjudice subi ? Peut-on fixer un coût au bruit, à la pollution d'une rivière, à la disparition des ressources naturelles ? Certains dommages (sur la santé ou la destruction des sites) ne se feront sentir qu'à long terme, leurs coûts peuvent-ils être évalués des décennies à l'avance ?
- Les pouvoirs publics sont-ils capables de fixer une quantité « admissible » de pollution ?
- Que faire quand le pollueur n'est pas identifiable ? Qui est responsable par exemple de l'effet de serre ou du trou dans la couche d'ozone ? Comment évaluer le préjudice que constitue la pollution des mers ? Des rivières ? (« **Des flots rances ?** »). Qui se trouve lésé ? C'est pourquoi le principe du pollueur payeur n'est efficace que si les responsabilités de chacun sont clairement établies.
- Les taxes étatiques sont-elles suffisamment dissuasives ?
- Payer une taxe ne peut-il pas également donner bonne conscience à une entreprise polluante et la déculpabiliser ? Le but de la firme n'est-il pas avant tout le profit ? Certains industriels préféreront payer une amende ou une taxe, vite récupérée si leur production est rentable. Ils préféreront même parfois augmenter leur production (et pollution associée) pour combler les frais supplémentaires par la réalisation d'économies d'échelle. Mais alors au point de vue éthique peut-on détruire la planète du moment que l'on paye ?
- Le pollueur, premier payeur peut aussi répercuter le coût de la taxe en payant moins ses fournisseurs ou ses salariés ou au contraire en augmentant ses prix (répercussion sur le consommateur).

- Les activités polluantes ne sont-elles pas également nécessaires ? Les entreprises chimiques rétorquent que, sans elles, l'industrie pharmaceutique serait moins performante et efficace.
- Pour finir, les préjudices **lointains** sont-ils mobilisateurs alors que chacun pense à sa situation immédiate ?

3) Le versement de subventions

- L'État peut décider de subventionner certaines activités non polluantes ou soucieuses du respect de l'environnement (ex. pour l'agriculture de montagne qui sauvegarde le paysage).
- Il peut également décider de verser des subventions aux victimes des nuisances comme aux riverains d'un aéroport (dont la valeur des maisons diminue).

4) Le marché des droits à polluer

L'État, pour suivre certains traités internationaux comme le protocole de Kyoto, peut fixer la quantité maximale de polluants qu'il souhaite autoriser. Puis, il distribue ou vend des « droits à polluer » de façon « équitable » aux pollueurs. Ceux qui pollueraient moins que prévu peuvent revendre leurs droits à polluer à d'autres entreprises qui auraient une pollution plus forte que celle prévue par l'État.

III. Les solutions privées pour régler le problème des externalités

1) L'analyse de Ronald Coase

- Pour l'économiste américain **Ronald Coase**, il est possible d'éviter la solution du pollueur payeur. Les bénéficiaires et victimes d'une externalité peuvent toujours parvenir à des accords amiables. Il s'agit alors de mettre en place des négociations privées entre les pollueurs et les victimes, l'État se limitant seulement à attribuer des **droits de propriété**.
  L'appareil judiciaire doit définir et délimiter clairement le droit de propriété : c'est un droit légal de possession mais qui inclut également le droit de disposer de quelque chose. Une fois les droits clarifiés, il appartient aux négociations privées de résoudre le problème de l'externalité.
- Prenons l'exemple d'une entreprise chimique A qui pollue une rivière et qui oblige une entreprise B située aussi le long de cette rivière à supporter des coûts de pollution (nuisible pour sa propre activité). En l'absence d'internalisation de l'effet externe, A peut polluer sans intégrer le coût externe causé à l'entreprise B. Avec la proposition de R. Coase deux cas peuvent se présenter :
- soit les droits de propriété sont attribués à l'entreprise B victime de la pollution : dans ce cas B peut exiger un niveau de pollution nul et interdire à A de produire. Tant que le profit marginal de A est supérieur

au coût de dépollution de B, A a intérêt à proposer à B une compensation monétaire pour pouvoir produire. A n'arrêtera les négociations que lorsque la compensation devant être versée à B dépassera son profit ;
- soit les droits de propriété sont attribués à l'entreprise polluante A : dans ce cas A va pouvoir produire une quantité maximale tout en polluant aussi au maximum. Tant que le coût marginal de dépollution de l'entreprise B est supérieur au profit marginal de A, B a intérêt à proposer à A une compensation financière pour que A réduise sa production polluante. Quand le montant de la compensation versée par B devient plus élevé que le coût de dépollution, B a intérêt à stopper la négociation.

2) Les limites de cette analyse

- Si le droit de propriété est reconnu aux victimes celles-ci ne vont-elles pas exagérer le préjudice subi pour augmenter leur indemnisation ?
- Si le droit de propriété est reconnu au pollueur, les victimes doivent payer le pollueur et ne peuvent-elles pas être tentées alors de minimiser leur propre intérêt afin de rendre leur compensation moins forte ?
- La disposition à payer (d'un côté ou de l'autre) dépend-elle de la valeur attribuée au préjudice ? Ne dépend-elle pas plus souvent de la capacité de paiement ?

IV. Comment sont réglés concrètement de nos jours les problèmes d'externalités liées à la pollution ?

1) L'application du principe « pollueur payeur »

- Le principe du « pollueur payeur » a été adopté par l'OCDE en 1972. Au sein de l'Union européenne, il est l'un des principes fondamentaux depuis l'entrée en vigueur de l'acte unique européen en 1987.
- En France, il est devenu, avec la loi Barnier de 1995, un des quatre grands principes généraux du droit de l'environnement français (avec les principes de prévention, de précaution et de participation).

2) Le protocole de Kyoto et le marché des permis d'émissions

Le protocole de Kyoto est un traité international visant à la réduction des gaz à effet de serre dans le cadre de la Convention-cadre des Nations unies sur le changement climatique.
Signé en 1997, il est entré en vigueur en 2005 et a été ratifié par plus de 180 pays à l'exception des États-Unis. C'est avec ce protocole que les marchés de permis d'émission, appelés aussi marchés des droits à polluer (cf. II. 4), sont concrètement envisagés en Europe et en France dans le cadre des politiques environnementales. Sur la période 2008-2012, l'Europe, dans son ensemble, s'est engagée à diminuer l'émission de ses gaz à effet de serre de 8 %. Cependant, la portée de ce protocole restera limitée tant que les États-Unis refuseront de le ratifier.

Le protocole de Kyoto est une étape importante. Cependant, en 2010, les rejets de CO_2 dans l'atmosphère devraient augmenter de 39 % par rapport à 1990 en raison de la croissance des pays émergents (notamment la Chine).
Des conférences et des sommets internationaux ont également pour but de réduire la pollution mais les pays ont beaucoup de mal à atteindre leurs objectifs et à arriver à des accords (exemple : le sommet de Copenhague en décembre 2009).
L'Union européenne s'est engagée pour 2020 à réduire des émissions de GES de 20 % mais, elle portera cet objectif à 30 % en cas d'efforts comparables des autres pays développés.

Conclusion

Le marché est donc inefficace pour résoudre le problème des externalités et notamment celui de la pollution qui concerne le monde entier. Les États prennent différentes mesures mais les économies sont encore peu contraintes dans leur façon de considérer l'environnement. Il faudrait mettre en place une véritable réglementation internationale mais celle-ci est encore embryonnaire. Si de nombreux États ont pris conscience des dangers de la dégradation de la planète et procèdent à des actions écologiques, il reste encore de nombreuses mesures à prendre pour faire changer les comportements des pollueurs. Mais, ne faut-il pas agir vite ? La Terre se réchauffe. La température moyenne à la surface de la planète a augmenté d'environ 0,6 °C pendant les cent dernières années.

EN SAVOIR PLUS

Un auteur : Arthur Cecil Pigou

Économiste anglais (1877-1959). Bien que libéral, A. Pigou préconise l'intervention de l'État dans certains domaines et préconise notamment une taxation nommée « taxe pigouvienne » pour corriger les effets externes. Il est également le fondateur de l'approche du « bien-être social ». Pour lui le bien-être d'une société s'améliore quand le revenu global augmente, que l'inégalité des revenus diminue par un transfert de richesses des plus riches vers les plus pauvres.
Œuvres : *The economics of welfare (1920) ; The analysis of supply (1928).*

Un auteur : Ronald Coase

Économiste britannique né en 1910 et ayant reçu le prix Nobel d'économie en 1991.
Dans son œuvre *Le Problème du coût social* (1960), il explique que, pour résoudre le problème des externalités, il suffit de définir des droits de propriété qui pourront être échangés. R. Coase est aussi connu pour son explication de l'existence de la firme par l'importance des coûts de transaction.

CURIOSITÉ, ANECDOTE

Un sac en plastique : 2 secondes à fabriquer, 20 minutes à être utilisé, 400 ans pour se décomposer !

LES MOTS CLÉS

• **Développement durable :** développement qui répond aux besoins du présent sans compromettre ceux des générations futures. Il s'agit de prendre en compte la préservation de l'environnement.
• **Environnement :** ensemble des relations et interactions des êtres humains et de leur milieu.
• **Externalité :** impact des activités économiques sur leur environnement. Une externalité peut être positive ou négative.
• **Pollution :** introduction d'une substance non désirable dans un milieu, contamination de l'air, de l'eau ou du sol par des substances nuisibles pour la santé, la qualité de vie ou le fonctionnement des écosystèmes.

6. Les graphiques pour les variables qualitatives ou discontinues

Le **diagramme en bâtons** est le graphique le plus approprié pour représenter des phénomènes **qualitatifs** (c'est-à-dire qui ne peuvent se prêter à des calculs comme une multiplication, une moyenne…) ou **discontinus** (c'est-à-dire où relier des points n'aurait aucun sens).
Ce type de diagramme permet de visualiser des phénomènes divers, de faire des analyses et des comparaisons. Par exemple, peuvent être représentés des pays, des tranches d'âges, des produits fabriqués, la répartition du nombre d'enfants par famille…
Le diagramme peut être dessiné horizontalement ou verticalement (sans oublier de préciser l'échelle des axes). La longueur de chaque segment est proportionnelle à l'effectif ou à la proportion qu'elle représente.
L'analyse d'un tel graphique se fait par une comparaison entre les bâtons (comme un tableau de pourcentages).
Exemple :

L'ÉMISSION DE GAZ À EFFET DE SERRE PAR PAYS 1990-2006
(EN MÉGATONNES D'ÉQUIVALENT DE DIOXYDE DE CARBONE)

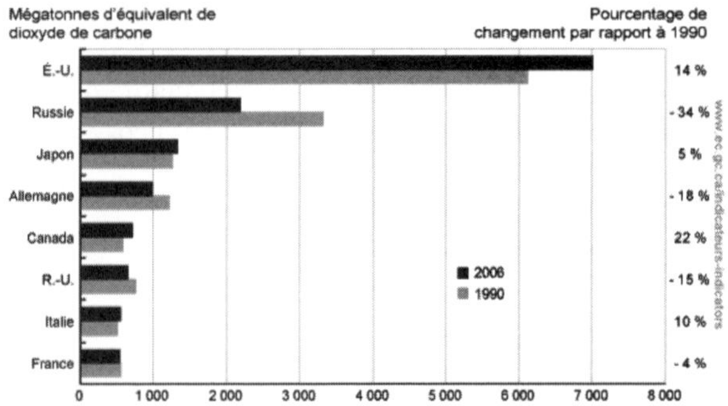

Ce graphique fera l'objet d'une question dans les exercices.

✱ Exercice 1

Complétez le tableau suivant avec les éléments qui conviennent :
• n'a pas à payer • n'a pas à supporter • n'est pas compensé

	Externalité positive	Externalité négative
auteur	?	?
tiers	?	?

✱ Exercice 2 : texte à trous

Complétez le texte ci-dessous avec les termes suivants : bien collectif, droits de propriété, externalités négatives, internalisation, mal collectif, privés, situation optimale, sociaux, subvention, surproduction, taxation.

L'environnement peut être considéré comme un .... pur. Sa dégradation par la pollution est alors un .... La pollution peut s'expliquer par des .... mal définis. Les ...... .échappent au marché et conduisent à une .... par rapport à la .... Cela s'explique par le fait que les producteurs ne tiennent compte que des coûts et bénéfices .... et non des coûts ....

✱✱ Exercice 3

Les externalités sont toujours liées à l'utilisation d'un bien d'environnement collectif. La nature des biens collectifs permet de préciser le phénomène des effets externes environnementaux... Un bien collectif est défini à partir de sa consommation ; il fait l'objet d'une consommation collective et possède deux caractéristiques, la ***non-rivalité d'usage*** *et la* ***non-exclusion****.*

Annie Vallée, *Économie de l'environnement*, Le Seuil, 2002.

1. Pourquoi l'environnement naturel est-il un bien collectif ?
2. Pour un bien collectif, qu'est-ce que la non-rivalité d'usage ?
3. Pour un bien collectif, qu'est ce que la non-exclusion ?

✱✱ Exercice 4

Pourquoi parle-t-on d'échec du marché dans le cas des biens collectifs ? Comment résoudre ce problème ?

✱✱ Exercice 5

D'après vous, que veut dire :
1. Produire proprement ?
2. Consommer proprement ?

✱✱ Exercice 6

Citez des mesures prises par les entreprises soucieuses de préserver l'environnement.

✱✱ Exercice 7

Analysez le graphique de la méthodologie.

✱✱✱ Exercice 8

Les choix exercés au quotidien par les personnes et les ménages provoquent des émissions directes ou indirectes de gaz à effet de serre (GES). Les émissions ***directes*** *de GES des* ***ménages*** *découlent de l'utilisation domestique de combustibles comme le mazout ou le gaz naturel pour le chauffage, ou la consommation d'essence pour les véhicules à moteur comme les autos et les camions. Les émissions* ***indirectes*** *de GES des* ***ménages*** *sont engendrées par la production des marchandises comme les aliments, les services et par l'électricité que consomment les ménages.*

www.ec.gc.ca/indicateurs-indicators

1. Pour vous, comment les émissions **directes** de GES des ménages pourraient-elles être réduites ?
2. Pour vous, comment les émissions **indirectes** de GES des ménages pourraient-elles être réduites ?

Vers le bac

Document

Le théorème de Coase peut se résumer ainsi : si les coûts de transaction sont nuls, les agents concernés par un effet externe négocieront spontanément une solution qui rétablit une allocation des ressources optimale. Et ce, quelle que soit la définition des droits de propriété.
R. Coase fonde ce résultat, non sur une démonstration mathématique, mais sur une série de cas pratiques…
Supposons qu'une entreprise A pollue la rivière exploitée par une entreprise de pêche B. Selon que l'une et l'autre entreprises produisent ou non, leurs profits s'établissent comme indiqué dans le tableau ci-dessous (le chiffre suivant la lettre A ou B désigne le montant du profit de chacun).

	A produit	*A ne produit pas*
B produit	*Solution 1* *A 5 B 12*	*Solution 2* *A 0 B 20*
B ne produit pas	*Solution 3* *A 5 B 0*	*Solution 4* *A 0 B 0*

[...] Ainsi quelle que soit la distribution des droits de propriété, et même en l'absence de tels droits, la solution correspondant à l'optimum de Pareto est réalisable sans intervention publique.

Jacques Généreux, *Alternatives économiques*, n° 220, décembre 2003.

1. À quelle situation correspond la solution 1 ? Est-elle optimale et pourquoi ?

2. À quel scénario correspond la solution 2 ?

3. Pour la solution 2, si A possédait les « droits de propriété » pourquoi arriverait-on au même résultat optimal ? Expliquez.

Corrigé des exercices

La sensibilisation

1. Tout le monde est plus ou moins responsable de la pollution. De nombreuses entreprises mais aussi les ménages (par leur consommation, leurs déchets), les automobilistes… Les pollueurs n'en prennent pas toujours conscience.
2. Les entreprises sont la source de nombreuses activités polluantes qui engendrent 3 principaux types de nuisance :
   - les nuisances engendrées par la production : elles comprennent les fumées, les émanations toxiques, la pollution de l'eau, les risques divers de contamination ;
   - la surexploitation des ressources naturelles (jusqu'à épuisement), exemples : extraction excessive de matières premières, gaspillage de l'eau ;
   - la fabrication de biens dont l'utilisation entraîne par la suite des risques pour l'environnement : cela comprend les conditionnements de certains produits comme les aérosols (dangereux pour la couche d'ozone) mais aussi tous les déchets difficiles à éliminer ou recycler comme les matières plastiques ou les boîtes d'aluminium.
3. Ce n'est pas toujours ceux qui sont à l'origine de la pollution qui en supportent les coûts. Les tiers (voisins notamment) peuvent en subir les nuisances ou conséquences néfastes. Cette situation n'est pas « juste » aussi des économistes ont essayé de résoudre ce problème.
4. Il est très difficile de lutter contre la pollution pour plusieurs raisons :
   - les causes en sont très variées ainsi que les lieux touchés (l'air, l'eau, les sols. Il faut aussi y rajouter les nuisances sonores et visuelles). Les remèdes sont dès lors très différents ;
   - les individus et les entreprises n'ont pas toujours conscience de l'ampleur des dégâts qu'ils occasionnent. Si certains sont inconscients, d'autres ne voient que leur avantage et ne se soucient que peu du bien-être d'autrui ;
   - jusqu'à présent les gros pollueurs n'ont pas été ou peu sanctionnés ;
   - parfois les responsables ne sont pas identifiables.
5. Plusieurs propositions ont été faites pour essayer de dissuader les pollueurs de continuer à polluer : taxes, amendes, subventions pour dépollution… (cf. analyse). Mais ne faut-il pas faire changer également les mentalités des citoyens ?

Les exercices

Exercice 1

	Externalité positive	Externalité négative
Auteur	**N'est pas compensé**	N'a pas à supporter
Tiers	**N'a pas à payer**	N'est pas compensé

Exercice 2

L'environnement peut être considéré comme un **bien collectif** pur. Sa dégradation par la pollution est alors un **mal collectif**. La pollution peut s'expliquer par des **droits de propriété** mal définis. Les **externalités négatives** échappent au marché et conduisent à une **surproduction** par rapport à la **situation optimale**. Cela s'explique par le fait que les producteurs ne tiennent compte que des coûts et bénéfices **privés** et non des coûts **sociaux**.

Exercice 3

1. Un bien (ou service) collectif est un bien pouvant être utilisé par plusieurs personnes à la fois. Tout le monde peut profiter gratuitement de la nature, c'est pourquoi l'environnement est un bien collectif.
2. La « non-rivalité » signifie que les quantités consommées par les uns ne réduisent pas les quantités disponibles pour les autres. C'est pour cela qu'il existe souvent une sur-utilisation de l'environnement.
3. La « non-exclusion » est le fait que l'on ne peut exclure personne de l'usage du bien collectif. C'est une situation où il est impossible d'empêcher quelqu'un de bénéficier de ce qui est offert (de respirer l'air, d'aller sur la mer, de bénéficier des services rendus par l'éclairage des rues ou d'un phare…).

Les biens collectifs qui possèdent les deux propriétés de non-rivalité et de non-exclusion sont appelés biens collectifs purs.

Exercice 4

Pour les biens collectifs purs, il est impossible d'exclure quelqu'un qui voudrait bénéficier du bien (ou du service) sans le payer. Ce bien sert collectivement à tous. Quand un producteur privé n'a pas le pouvoir d'obliger tous les utilisateurs à payer, il préfère ne pas s'engager dans une production coûteuse et non rentable. Il y a donc échec du marché pour des biens et services non rentables. Ces derniers ne sont donc pas vendus sur le marché. Seule l'intervention de l'État permet de résoudre les problèmes de financement. L'État a le pouvoir de contrainte par la force et peut obliger les individus à payer des taxes et impôts. Le marché concurrentiel est donc inefficace pour la production de biens et services collectifs purs.

Exercice 5

1. « Produire proprement » signifie que toutes les filières de la fabrication d'un bien doivent s'effectuer sans nuisance ni pollution. Il s'agit de prendre en compte toutes les étapes du processus de production à partir de l'extraction des matières premières (si possible des ressources ou de l'énergie renouvelable), leur transport, leurs transformations successives jusqu'au produit final (avec des machines non polluantes).
2. « Consommer proprement » signifie que la consommation ne doit pas entraîner de nuisances telles que mauvaises odeurs, bruits… Les déchets devront être recyclés et sans déséquilibrer les écosystèmes.

Exercice 6

Certaines entreprises sont soucieuses de préserver l'environnement et ont pris différentes mesures :

- utiliser de façon rationnelle et économe les ressources naturelles en évitant à tout prix les gaspillages inutiles ;
- donner une qualité écologique à leur produit : recyclables, non toxiques… ;
- réduire la production de déchets et la pollution par des emballages recyclables, par l'installation de dispositifs adaptés ;
- réparer les dommages causés à l'environnement (mesures de dépollution).

Ces entreprises ont pris conscience du problème social et réagissent en entreprises citoyennes.

Exercice 7

Ce graphique montre les mégatonnes de dioxyde de carbone émises par les grands pays du monde et responsables du réchauffement de la planète. Il a pour but de faire une comparaison entre 1990 et 2006.
Certains pays ont diminué leur pollution en CO_2 en 16 ans. C'est notamment le cas de la Russie (– 34 %), de l'Allemagne (– 18 %) et du Royaume-Uni (– 15 %). Ces pays, aux industries importantes, ont été confrontés à de sérieux problèmes concernant leur environnement et ont commencé à prendre des mesures pour limiter les gaz à effet de serre.
Par contre, d'autres pays et notamment le Canada et les États-Unis ont connu une augmentation de leur pollution en CO_2 de 1990 à 2006. La prise de conscience des dangers n'a-t-elle pas eu lieu ou la forte production a-t-elle plus d'importance que la sauvegarde de l'environnement ? Pourquoi les États-Unis n'ont-ils pas ratifié le protocole de Kyoto ?
La France se situe dans la moyenne des grands États. Elle a diminué son émission de GES de 4 % en 16 ans. Mais n'est-il pas possible de faire beaucoup mieux ?

Exercice 8

1. Les émissions **directes** de GES des ménages pourraient être réduites par une meilleure utilisation de l'énergie dans le cas des véhicules ou du chauffage de la maison.

   Pour limiter la circulation de trop nombreux véhicules ainsi que leur pollution, les principales solutions sont :
   - développer les transports en commun ;
   - penser, lorsque c'est possible, à faire du covoiturage ;
   - acheter des véhicules plus récents et moins polluants ;
   - développer le marché des autos « hybrides » ;
   - veiller à l'entretien régulier des automobiles ;
   - retirer de la circulation les vieux véhicules (primes à la casse).

   Pour limiter la pollution liée au chauffage des maisons, les principales solutions sont :
   - réduire la consommation de gaz naturel et de mazout en les remplaçant par des énergies « propres » (solaire par exemple).
2. Les émissions **indirectes** de GES des ménages pourraient être réduites par les solutions suivantes :
   - acheter plus d'aliments produits localement (pour diminuer les émissions causées par le transport) ;
   - réduire l'utilisation d'appareils électroniques et ménagers consommant beaucoup d'électricité ;
   - acheter des appareils éco-énergétiques ;
   - débrancher les appareils non utilisés ;
   - acheter des biens plus durables et réutiliser ce qui peut encore servir ;
   - acheter en vrac pour réduire les emballages.

Vers le bac

1. La solution 1 correspond à une situation où les entreprises ne recherchent pas de concertation. Elles produisent donc toutes les deux car elles recherchent le maximum de profit. Cependant, cette solution n'est pas optimale. En effet le profit collectif des deux entreprises réunies sera de 5 + 12 = 17, ce qui est inférieur, d'après la lecture du tableau, à la solution n° 2 qui permet un profit de 20.
2. Dans la solution 2, comme A ne produit pas, il est possible de penser que B possède un droit de propriété (sur la pureté des droits de la rivière). Il a donc interdit à A de produire et fait un profit de 20.
3. Même si c'était A qui possédait le « droit de polluer », la solution 2 conduirait au même résultat optimal. Dans ce cas, B devrait proposer à A d'arrêter sa production en lui donnant une indemnité de 5 (égale à la production de A dans la solution 1 sans accord). B ferait alors un profit de 20 – 5 = 15 et A un profit de 5 (sans le moindre effort et donc sans pollution).

Comme les autres solutions n'arrivent pas à un profit global de 20, même sans droit de propriété, les individus ont intérêt à négocier.

Thème 4
Formation et emploi

7 Le diplôme : un passeport pour l'emploi ?

SENSIBILISATION

Étape 1

PROPORTION DE BACHELIERS DANS UNE GÉNÉRATION (TOUS BACS CONFONDUS) EN %

1980	1990	2000	2008
25,9	43,5	62,8	63,8

INSEE, Source Depp.

1. Faites deux remarques concernant l'évolution de la proportion de bacheliers.

2. Calculez l'évolution en pourcentage de la proportion de bacheliers de 1980 à 2008.

3. Comment est-il possible d'expliquer cette évolution ?

Étape 2

TAUX DE CHÔMAGE (AU SENS DU BIT) EN 2008 SELON LE DIPLÔME ET LA DURÉE ÉCOULÉE DEPUIS LA FIN DES ÉTUDES INITIALES (EN %)

	Sortis depuis 1 à 4 ans	Sortis depuis 5 à 10 ans	Ensemble de la population
Diplôme de l'enseignement supérieur long[1]	5,9	3,4	4,7
Diplôme de l'enseignement supérieur court[2]	6,3	4,2	4,3
Baccalauréat	12,.6	8,5	6,8
CAP, BEP	21,8	11,8	7
Aucun diplôme, certificat d'études ou brevet	37,7	23,3	11,8
Ensemble	14,4	8,9	7,4

1. notamment licence, master, doctorat, écoles de commerce et d'ingénieur.
2. notamment DUT, BTS, Deug, diplômes paramédicaux et sociaux.
Champ : France métropolitaine, population des ménages.

Source : INSEE, enquête Emploi.

1. Quelle remarque pouvez-vous faire lorsque vous observez le taux de chômage selon le niveau de diplôme ? Que pouvez-vous en conclure ?

2. En observant les durées écoulées depuis la fin des études initiales, que constatez-vous ? Que pouvez-vous en conclure ?

Étape 3 : Les paradoxes de la scolarisation

Certains sociologues ont montré certains paradoxes de la socialisation :

- G. Becker explique qu'un diplôme recouvre des connaissances utiles à l'employeur, qu'il sera un véritable investissement en capital humain, rentable pour l'entreprise et le diplômé alors que pour d'autres le diplôme ne recouvre pas une connaissance utile mais ne sera qu'un moyen pour filtrer des candidats trop nombreux.
- Pour Thurow, dans la recherche d'un emploi ce ne sont pas des candidats diplômés qui cherchent à occuper un poste mais ce sont les postes qui cherchent à être pourvus par quelqu'un qui a le profil requis.
- Baudelot et Establet se demandent, comme il y a de plus en plus de diplômés, si le niveau des individus est monté ou si l'exigence du diplôme est descendue.
- Anderson a affirmé que dans un contexte de scolarisation qui n'a cessé d'augmenter, un jeune qui a un niveau scolaire plus élevé que celui de son père risque cependant de ne pas avoir une position sociale meilleure que lui.
- R. Boudon a montré que l'augmentation du nombre de diplômés avait provoqué un « embouteillage » pour accéder aux postes élevés provoquant plusieurs effets liés à une dévalorisation des diplômes.

1. Avec lesquelles de ces affirmations êtes-vous d'accord ?
2. Pourquoi parle-t-on de « paradoxe » dans ces affirmations ?
3. Pour vous un jeune a-t-il intérêt à poursuivre de longues études ?

ANALYSE

En France, comme un chômage de masse s'est installé, des efforts importants ont été entrepris en matière de formation initiale. Le gouvernement, d'une part, a pris de nombreuses mesures pour développer de meilleures formations mais les jeunes et leurs familles ont également adopté des stratégies de poursuites d'études de plus en plus longues. Cet effort est justifié puisque la qualification d'un individu est considérée comme un investissement qui bénéficiera à toute la société. D'autre part il est souvent affirmé qu'il existe une relation inverse entre le diplôme et le niveau de chômage. Le diplôme est-il alors vraiment le passeport pour l'emploi ? Ces dernières années certains diplômés n'ont-ils pas davantage de difficultés que leurs aînés à décrocher un emploi ? D'autres ne sont-ils pas contraints d'accepter un poste qui ne correspond pas à leur qualification et pourquoi ? Quand le nombre de diplômés augmente fortement, le titre conserve-t-il toute sa valeur ? Finalement la formation est-elle la panacée pour vaincre le chômage ?

I. Diplôme et emploi : une relation positive

1) L'évolution des qualifications

a) Des emplois plus qualifiés

La qualification désigne d'abord l'ensemble des compétences requises pour occuper un poste de travail : c'est la **qualification de l'emploi**. L'employeur définit au moment de l'embauche des critères précis de sélection : diplôme mais aussi demande de savoir-faire spécifiques.

Depuis une quarantaine d'années les exigences des employeurs ont augmenté et la qualification des emplois a fortement évolué. Cela s'explique par plusieurs raisons et notamment par les bouleversements opérés dans les secteurs d'activités.

- Le progrès technique, la mécanisation et la robotisation ont fait diminuer les effectifs dans les industries où de nombreux ouvriers non qualifiés ont été remplacés par des machines dès les années 1970. La proportion d'ouvriers qualifiés diminue également mais plus légèrement au profit des professions intermédiaires.
- Le secteur tertiaire a connu une ascension fulgurante puisque la production de services a été multipliée par 5 ces trente dernières années et qu'aujourd'hui environ 75 % des actifs travaillent dans les services.
- Ces dernières décennies les catégories supérieures : ingénieurs, cadres et professions libérales mais surtout les professions intermédiaires ont connu une forte progression de leurs effectifs. Ces professions nécessitent des diplômes élevés. Leur essor s'explique par de nouveaux besoins, de nouvelles attentes. Il s'agit notamment des professions liées à la santé et à l'action sociale (augmentation du nombre de médecins, infirmières, assistantes sociales), à la communication et l'information (informaticiens, journalistes), à l'enseignement (professeurs). Les entreprises, pour rester compétitives face à la mondialisation ont besoin d'experts et d'un personnel d'encadrement très compétent.

L'évolution de la société a donc élevé le niveau de complexité du travail et la main-d'œuvre a dû s'adapter.

b) Des nouvelles générations plus diplômées et plus qualifiées

La qualification désigne également l'ensemble des capacités personnelles des travailleurs. Elle est appelée **qualification individuelle**.

La qualification individuelle comprend le niveau de formation (le diplôme) mais également l'expérience acquise (savoir-faire dans le métier, pratique exercée).

Le niveau de diplôme des jeunes qui arrivent sur le marché du travail s'élève au fil des générations.

Dans les services 73 % des moins de 30 ans ont au moins le baccalauréat contre 35 % des plus de 50 ans. Les jeunes sont nettement plus nombreux que les seniors à avoir un baccalauréat mais également un bac +2, bac +3 et au-dessus.

Dans l'industrie l'écart est encore plus grand puisque 23 % des plus de 50 ans ont le bac contre 57 % des moins de 30 ans.

2) L'intérêt du diplôme sur le marché du travail

a) Le diplôme est un atout sur le marché du travail

- Le diplôme est d'abord un point positif pour trouver un emploi. Le taux de chômage des non diplômés est en moyenne deux fois et demi supérieur à celui des plus diplômés.
- D'autre part le diplôme permettra plus facilement l'accès à un emploi stable.
- Les diplômés du supérieur ont davantage de chances que les autres d'accéder à un statut de cadre avec des salaires plus élevés.

b) La poursuite d'études : un investissement en capital humain

• Qu'est ce que le capital humain ?

Il peut se définir comme le savoir accumulé par un individu depuis sa naissance, autrement dit comme le stock des capacités humaines et des connaissances pouvant être valorisées au niveau économique pour bénéficier à la production.

Le capital humain englobe le niveau d'éducation, les qualifications, l'intelligence, la mise en valeur de ses dons, l'expérience professionnelle et personnelle, les capacités physiques, l'état de santé. Toutes ces capacités vont conditionner le niveau de productivité des individus et donc leur niveau d'emploi.

• L'utilité de l'investissement en capital humain selon Gary Becker

L'économiste américain Gary Becker pense que l'individu est un être rationnel qui veut maximiser ses avantages tout en minimisant ses coûts et ses contraintes. Pour lui, ce raisonnement économique va même s'appliquer dans les décisions prises au sein des familles.

Poursuivre des études est un investissement en capital humain mais qui va dépendre d'un calcul rationnel. Celui qui se forme (ainsi que sa famille) va prendre en compte le coût des études, le revenu non perçu pendant cette période et le revenu futur supplémentaire qu'il sera possible d'obtenir en prolongeant sa formation.

Gary Becker explique bien qu'augmenter sa formation permet d'augmenter sa productivité. Dès lors plus la durée d'études est longue, plus le revenu potentiel futur s'accroît. Cependant tous les élèves n'ont pas les mêmes facilités. Par exemple pour certains, une formation nécessitera beaucoup de temps ce qui en limitera l'intérêt et en augmentera le coût et les contraintes. Si les gains ultérieurs cumulés ne semblent pas compenser la dépense de formation, l'individu choisira de ne pas poursuivre ses études. Gary Becker montre bien que l'être rationnel investira dans sa formation jusqu'au point où l'investissement cessera d'être rentable c'est-à-dire jusqu'au moment où ses revenus anticipés égaliseront les dépenses engagées.

II. La relation positive entre diplôme et emploi s'estompe en raison d'un décalage entre le nombre de diplômés et les emplois proposés

1) Le diplôme n'est plus suffisant pour accéder à l'emploi souhaité et il existe même un déclassement professionnel

- À partir des années 1990, la situation des jeunes diplômés s'est fortement dégradée sur le marché du travail. Le taux de chômage des plus diplômés a augmenté.
- Le ralentissement de la croissance économique a rendu les patrons plus exigeants face à l'embauche et les jeunes, même diplômés, n'ont pas assez d'expérience aux yeux des employeurs pour faire face à la crise et ses difficultés.
- D'autre part la dégradation de la situation conjoncturelle s'est accompagnée d'un phénomène de **déclassement professionnel**. Il s'agit de la situation d'un individu dont le niveau de formation initiale dépasse celui normalement requis pour l'emploi. Les jeunes titulaires d'un diplôme de l'enseignement supérieur qui n'accèdent pas au statut de cadre sont de plus en plus nombreux. Parmi les individus occupant un emploi non qualifié, la proportion de non-diplômés diminue fortement au profit des possesseurs de BEP et de baccalauréat pour les postes d'ouvriers et des possesseurs de bac et de bac +2 pour les postes d'employés.

Le phénomène n'est pas nouveau.

- Dans les années 1960 le sociologue américain Anderson a montré qu'avoir un niveau scolaire supérieur à celui de son père ne garantissait pas un accès à une position sociale supérieure à lui.

L'augmentation des niveaux de diplômes se répercute sur toutes les catégories d'emplois et sur tous les secteurs d'activités.
De ce fait les mêmes emplois sont pourvus par des personnes de plus en plus diplômées et il est possible de parler d'une véritable **modification des normes de qualification**.

2) Une explication : le décalage entre le nombre de diplômés et les emplois proposés

Le niveau de diplôme des personnes et le niveau de qualification des emplois ont augmenté tous les deux mais l'évolution ne s'est pas déroulée au même rythme.
Le nombre de diplômés a augmenté beaucoup plus vite que celui des emplois très qualifiés. Le décalage continue de s'accentuer provoquant de plus en plus de difficultés pour les demandeurs d'emplois.

a) Quelles sont les raisons de la (trop ?) forte augmentation du nombre de diplômés ?

Elles sont nombreuses :

– scolarité obligatoire jusqu'à 16 ans puis « massification » de la scolarisation dans le but de favoriser pour les plus défavorisés une ascension sociale ;

- volonté d'amener 80 % au moins d'une génération au baccalauréat ;
- stratégie des familles qui souhaitent en temps de crise offrir à leurs enfants la possibilité d'accéder à des diplômes supérieurs aux leurs ;
- en période de chômage il peut apparaître plus judicieux de poursuivre ses études plutôt que rechercher vainement un emploi (notamment lorsque sa formation ne paraît pas suffisante).

b) Comment expliquer la plus faible augmentation des emplois qualifiés proposés ?

- À court terme le nombre d'emplois qualifiés dépend de la croissance économique. Comme celle-ci a été faible ces dernières années, cela a eu des répercussions sur les emplois proposés. Les entreprises n'ont pas vu la nécessité de créer davantage de postes d'encadrement.
- À long terme le nombre d'emplois qualifiés dépend du progrès technique et là, la situation semblerait plus favorable. Mais le progrès technique ne favorise-t-il pas le développement des machines au détriment des salariés ?

c) Les conséquences pour Raymond Boudon

Le sociologue **Raymond Boudon** a analysé le paradoxe d'Anderson selon lequel l'acquisition d'un diplôme supérieur à celui de son père ne garantit pas au fils une position sociale plus élevée. Pour Raymond Boudon ce paradoxe s'explique par une **dévalorisation des diplômes** et par **un effet de dominance**.

- La dévalorisation des diplômes apparaît quand l'offre de diplômes sur le marché du travail devient supérieure à la demande de diplômés par les employeurs. Dans ce cas le rendement des titres diminue et les diplômes sont dévalorisés (ils perdent de la valeur s'ils sont trop nombreux). Pour obtenir une position sociale équivalente il devient alors nécessaire de posséder un diplôme supérieur à celui qui suffisait jusque-là. Les études se prolongent donc de plus en plus. Apparaît ce que R. Boudon appelle l'**effet de divergence** c'est-à-dire que le coût de l'investissement éducatif tend à augmenter indéfiniment.
- Il existe un cercle vicieux. En effet quand le niveau scolaire moyen augmente, chaque individu doit alors accroître son investissement scolaire pour maintenir ses chances relatives (c'est-à-dire ne pas arrêter précocement sa scolarité). Mais alors chaque jeune ne fait que contribuer à la dévalorisation des diplômes qu'il convoite.

Cependant se retirer de la compétition est impossible car pénaliserait celui qui renonce tout en profitant aux autres. C'est pourquoi, il est souvent affirmé dans le milieu scolaire que « le baccalauréat est de plus en plus nécessaire et de moins en moins suffisant ». Les études secondaires sont bien loin d'être ***secondaires***.

La conclusion de R. Boudon est pessimiste. Aucun étudiant ne souhaite la dévalorisation des diplômes mais pourtant chacun y contribue en poursui-

vant de plus en plus ses études. Il y a un **effet de neutralisation** puisque les changements individuels sont neutralisés au niveau collectif.
Raymond Boudon insiste également sur une autre conséquence qu'il appelle « **effet de dominance** ». À diplôme égal, les postes seront attribués en priorité aux jeunes d'origine sociale élevée c'est-à-dire à ceux bénéficiant de relations sociales utiles, possédant de plus une confiance en soi… Cela minimise l'impact de la méritocratie. L'effet de dominance va venir compléter celui de dévalorisation du diplôme

d) Les autres conséquences

Le décalage entre les qualifications offertes et demandées va créer une concurrence entre les jeunes diplômés et il se créera des **files d'attente**. La durée entre la fin des études et le 1er emploi va s'accentuer (appelée période de chômage frictionnel). Ceux qui attendent vainement un emploi ont 3 possibilités :

- soit rester dans la file d'attente (c'est-à-dire au Pôle emploi) ;
- soit prolonger encore leurs études ;
- accepter un emploi en deçà de leurs aspirations et subir un déclassement. Les employeurs vont souvent préférer embaucher un individu trop diplômé même pour un emploi ne le nécessitant pas, pensant que l'adaptation sera plus simple. Si la période de **déqualification** se prolonge, le jeune risque d'oublier ce qu'il a appris à l'université et de « **perdre ses facultés** ». De plus ses connaissances deviendront obsolètes et seront plus difficiles à mettre en avant.

Conclusion

Si au niveau individuel, le diplôme est un bon passeport pour l'emploi il faut néanmoins choisir la bonne formation. Chacun va être amené à poursuivre ses études et devenir un peu responsable de la dévalorisation des diplômes. La formation n'est donc qu'une solution mitigée à court terme pour résoudre le problème du chômage. Elle est cependant rassurante pour les individus et leur donne bonne conscience.

EN SAVOIR PLUS

Un auteur : Gary Becker

Économiste américain né en 1930. Prix Nobel d'économie en 1992.
Pour lui, l'individu est rationnel et ses choix dans tous les domaines de sa vie (poursuite d'études, famille, mariage...) résultent d'un arbitrage entre les coûts et avantages de chaque possibilité. Il a également appliqué cette théorie des choix rationnels à d'autres types de comportements sociaux tels que le crime, la justice, la discrimination raciale... Il a souligné l'importance de l'éducation, « capital humain » qui, pour lui, est un véritable investissement.
Œuvre principale : *Human capital (1964)*

Un auteur : Raymond Boudon

Sociologue français né en 1934.
Il s'est intéressé aux causes de l'inégalité des chances. Pour lui les familles et les jeunes ont différentes stratégies concernant les études qui auront des répercussions sur la réussite future. Il explique qu'avec la démocratisation scolaire il existe un décalage qui se crée entre positions sociales disponibles et positions scolaires acquises. L'augmentation du nombre de diplômés provoque des effets pervers comme la dévalorisation des titres et la frustration relative.
Principales œuvres : *L'Inégalité des chances (1973), La Place du désordre (1984).*

ANECDOTES, CURIOSITÉS

- Jules Ferry par les lois de 1881 et 1882 a développé un enseignement primaire, laïque, gratuit et obligatoire jusqu'à 13 ans. Le but était de donner au peuple le bagage minimum pour s'intégrer dans la société de l'époque : lire, écrire, compter.
- En 1900 on comptait 7 000 bacheliers soit à peu près 1 % d'une génération.
La proportion de bacheliers dans une génération est passée à 20 % en 1970, 26 % en 1980, 62,7 % en 1995 et 64,2 % en 2007.
- En 2009, pour la première fois plus des 2/3 d'une génération ont le bac en poche (ou 66,4 %).

LES MOTS CLÉS

- **Compétences :** capacités personnelles validées par l'employeur mais définies individuellement.
- **Déqualification :** fait que les travailleurs occupent un emploi où leur qualification personnelle n'est pas utilisée ou reconnue (déqualification relative).
Il existe aussi une déqualification absolue qui représente le cas où un salarié n'est plus apte à occuper un emploi.
- **Employabilité :** valeur attribuée à un travailleur par une entreprise. Pour un chômeur c'est la probabilité de trouver ou de retrouver un emploi.
- **Qualification :** capacités acquises par un individu durant sa formation initiale (savoirs et diplômes), sa formation continue (savoir-faire, expérience) ou capacités requises par un employeur pour un poste de travail.

7. Savoir faire une comparaison

En SES les comparaisons sont souvent utilisées pour étudier des faits, des situations, des mécanismes ou des théories. Elles permettent de voir les avantages et inconvénients d'un phénomène par rapport à un autre, les points semblables et les différences, etc. Cela permet de faire des choix judicieux quand on est face à plusieurs possibilités ou alternatives. Cela permet également parfois de déceler des injustices…

Une comparaison n'est pas une juxtaposition

C'est pourtant ce que font de nombreux élèves qui ont la mauvaise habitude d'apprendre leur cours « par cœur » et qui se contentent de **réciter** les deux phénomènes l'un après l'autre, se satisfaisant alors d'une description qui ne répond pas à la question.

Comment procéder ?

Si une question pose « Comparez le phénomène A et le phénomène B » il ne faut pas décrire A puis décrire B.
Pour comparer il faut mettre en relation un élément de A et un élément de B (celui qui lui est le plus adapté) et expliquer leur point commun et/ou leur différence.
Il faut ensuite procéder de même pour chaque élément (en isolant chaque point comparatif).
Exemple : Comparez les notions de « qualification de l'individu » et de « qualification de l'emploi » :

- La qualification de l'individu est l'ensemble des aptitudes acquises par lui alors que la qualification de l'emploi désigne les aptitudes requises par un employeur pour obtenir un emploi.
- Les deux qualifications ne coïncident pas forcément car les qualités décrites par l'individu dans son CV ne sont pas toujours celles demandées par les employeurs (dans les offres d'emploi par exemple).
- La qualification individuelle englobe le diplôme, l'expérience acquise individuellement par l'individu. Elle est donc propre à chacun qui a une histoire unique. La qualification de l'emploi au contraire est générale, elle est valable pour tous ceux qui veulent occuper un poste particulier de l'entreprise. Les entreprises vont chercher des salariés ayant des qualités correspondant aux métiers qu'elles proposent : savoir travailler sur un logiciel spécifique, rigueur pour un comptable, amabilité et efficacité pour un vendeur, rapidité pour un serveur…
- Les deux qualifications sont donc complémentaires. Si elles s'adaptent et qu'elles correspondent cela favorise l'emploi. Par contre si la qualification de l'individu est trop éloignée de la qualification de l'emploi, il

y aura des chômeurs d'un côté et des emplois qui resteront vacants de l'autre.

L'intérêt de la comparaison

La comparaison est un exercice intéressant car elle oblige à prendre du recul, à raisonner et à mieux connaître les aspects importants des faits ou mécanismes. Elle permet d'acquérir un esprit critique, très utile en SES.

Un sujet de dissertation sous forme de comparaison

Pour les élèves qui souhaitent aller en ES, un sujet de baccalauréat peut se présenter comme une comparaison entre deux phénomènes. Il faut alors faire un plan en deux parties avec par exemple :

I. Les ressemblances ou les points communs ou les caractéristiques communes.

II. Les différences ou les divergences.

✱ Exercice 1 : Texte à trous

Complétez le texte ci-dessous avec les termes suivants : acquise, adaptabilité, compétences, compétitivité, déqualification, diplômes, efficacité, expérience, formation continue, formation initiale, recrutement, requise, sélection, stage.

Dans les entreprises il existe une ……. permanente. En premier elle s'effectue lors du …….. L'embauche va se faire d'abord en fonction de la ……. c'est-à-dire le diplôme qui représente la qualification …….. Mais l'employeur cherchera en plus une ……. professionnelle. Cependant les ……. ne suffisent plus. Les employeurs exigent de plus en plus des ……. spécifiques comme de l'imagination et un sens aigu des responsabilités. Pour ne pas devenir obsolètes les salariés ont droit à une …….. La course à la ……. et à l'……. entraîne la ……. des moins aptes et notamment des plus jeunes qui n'ont pas d'…….. Les entreprises, en augmentant le niveau de qualification ……. à l'embauche, font que des sortants d'études vont être condamnés à se contenter d'un ……. ou d'un « petit boulot ».

✱✱ Exercice 2

D'après vous pourquoi y a-t-il un décalage entre l'appareil de production et la formation ?

✱✱ Exercice 3

Pourquoi la formation initiale d'un individu doit-elle souvent être complétée et comment le faire ?

✱✱ Exercice 4

Document A

TAUX D'ACCÈS À LA FORMATION CONTINUE SELON LE NIVEAU DE DIPLÔME

Diplôme	**Taux d'accès (en %)**
Bac + 3 et plus	64
Bac + 2	61
Bac, BT	51
CAP, BEP	36
Non diplômés	24
Ensemble	44

Cereq, 2006.

1. Qui accède le plus à la formation continue ?
2. N'est-ce pas paradoxal et pourquoi ? Comment cela peut-il s'expliquer ?

✱✱ Exercice 5

D'après vous, pourquoi pour l'employeur, le diplôme peut-il être à la fois une ressource et une contrainte ?

Document B. Pour les exercices 6, 7, 8

La qualification s'acquiert par des formations et des stages ; elle peut être validée par un examen ou un concours ; elle se mesure de façon objective ; elle peut s'inscrire dans une grille. La compétence en revanche ajoute aux données purement techniques des éléments de savoir-faire, de savoir être, de savoir communiquer qu'il est beaucoup plus difficile de mesurer. Elle est constituée d'un ensemble hétérogène d'habiletés... Un classement par les compétences est toujours sujet à caution, faute d'appréciation parfaitement objective. La compétence reconnue dans une entreprise peut ne pas être exportable, faute de diplôme ou de certification.

Bernard Brunhes « L'Avenir du travail », dans *Université de tous les savoirs : l'économie, le travail, l'entreprise*, Odile Jacob, 2002

✱ Exercice 6

À partir du document B donnez des exemples d'éléments entrant dans la compétence.

✱✱ Exercice 7

À partir du document B mais aussi de votre réflexion personnelle, comparez les notions de qualification et de compétence.

✱✱✱ Exercice 8

À partir du document B, expliquez pourquoi un classement par les compétences peut être sujet à caution.

Vers le bac

Épreuve de synthèse : Après avoir expliqué pourquoi les jeunes, quel que soit le niveau de formation, ont des difficultés à trouver leur 1er emploi, vous montrerez qu'ils peuvent bénéficier de l'opportunité des « métiers d'avenir » (sous forme d'un plan détaillé en 2 parties en vous aidant des deux documents suivants).

Document 1

La recherche d'un premier emploi reste de loin la plus difficile. Le taux de chômage des personnes sorties du système éducatif dépend très largement du diplôme obtenu en fin de scolarité. Dans les trois ans qui suivent leur sortie de l'école ou de l'université, quatre jeunes sur dix occupent au moins pour quelques mois un emploi non qualifié. Après trois ans, les deux tiers des diplômés du supérieur concernés occupent un emploi qualifié, contre un quart des diplômés d'un CAP/BEP et 40 % des bacheliers... L'obtention des diplômes les plus élevés ne constitue plus cependant une protection absolue... La formation initiale est souvent mal adaptée.

Gérard Mermet, *Francoscopie 2007*, Larousse.

Document 2

Les métiers qui ont connu la plus forte croissance de leurs effectifs ces 25 dernières années :

- *formateurs, recruteurs ;*
- *assistants maternels, aides à domicile ;*
- *personnels d'étude et de recherche ;*
- *informaticiens ;*
- *employés des services divers ;*
- *cadres administratifs, comptables et financiers ;*
- *professionnels de la communication et de la documentation ;*
- *professionnels de l'action sociale, culturelle et sportive ;*
- *professionnels du droit ;*
- *agents administratifs et commerciaux du tourisme et des transports ;*
- *aides-soignants.*

D'après Guillaume Duval, *Alternatives économiques*,
Hors série n° 70, 4e trimestre 2006.

Corrigé des exercices

La sensibilisation

Étape 1

1.

- Le pourcentage de bacheliers a augmenté de façon continue de 1980 à 2008.
- L'augmentation a surtout été forte entre 1980 et 1990 (+ 67,95 % en 10 ans) et de 1990 à 2000 (+ 44,36 % en 10 ans). À partir de 2000, la progression est moins forte.

2. Évolution en pourcentage de 1980 à 2008 :

63,8 – 25,9/25,9 × 100 ce qui représente une augmentation de **165,5 %** en 28 ans.

3. Cette évolution peut s'expliquer par :

- la démocratisation de l'enseignement ;
- la volonté d'amener « 80 % d'une génération au niveau du baccalauréat » ;
- les jeunes et leur famille, qui, en période de chômage, choisissent comme stratégie de prolonger la durée des études.

Étape 2

1. Il est facile de constater que, plus le niveau de diplôme est élevé, plus le taux de chômage est faible et inversement. Il est possible d'en conclure que le diplôme est « un passeport pour l'emploi ».

2. Les jeunes sortis du cursus scolaire depuis 1 à 4 ans connaissent tous des taux de chômage supérieurs à l'ensemble de la population du niveau de diplôme équivalent. Il est même possible de constater que les nouveaux diplômés connaissent un taux de chômage supérieur à leurs aînés moins diplômés. Par exemple, ceux qui possèdent le baccalauréat et qui ont terminé leurs études depuis 1 à 4 ans connaissent un taux de chômage plus élevé (12,6 %) que l'ensemble de la population qui n'a aucun diplôme (11,8 % de chômeurs) ou que ceux sortis depuis 5 à 10 ans possédant uniquement un CAP ou un BEP (11,8 %).

Nous pouvons en conclure que le diplôme protège de moins en moins contre le chômage.

Étape 3

Ces affirmations peuvent apparaître paradoxales car elles vont souvent à l'encontre de l'opinion communément admise en matière de qualification. Elles font néanmoins réfléchir !

Les exercices

Exercice 1

Dans les entreprises il existe une **sélection** permanente. En premier elle s'effectue lors **du recrutement**. L'embauche va se faire d'abord en fonction de la **formation initiale** c'est-à-dire le diplôme qui représente la qualification **acquise**. Mais l'employeur cherchera en plus une **adaptabilité** professionnelle. Cependant les **diplômes** ne suffisent plus. Les employeurs exigent de plus en plus des **compétences** spécifiques comme de l'imagination et un sens aigu des responsabilités. Pour ne pas devenir obsolètes les salariés ont droit à une **formation continue**. La course à la **compétitivité** et à **l'efficacité** entraîne la **déqualification** des moins aptes et notamment des plus jeunes qui n'ont pas **d'expérience**. Les entreprises, en augmentant le niveau de qualification **requise** à l'embauche, font que des sortants d'études vont être condamnés à se contenter d'un **stage** ou d'un « petit boulot ».

Exercice 2

Le système scolaire français se caractérise par une tradition qui privilégie le savoir théorique mais néglige souvent l'apprentissage d'un savoir-faire professionnel. Le but des études est de donner une formation générale qui pourra s'appliquer à de nombreux domaines et à de multiples métiers. Le savoir-faire professionnel peut être très différent selon les spécificités de chaque entreprise et il serait impossible pour l'Éducation nationale de donner des enseignements adaptés parfaitement à une entreprise en particulier. C'est pourquoi les stages en entreprise, sur le terrain sont de plus en plus conseillés pour compléter la formation théorique.

Exercice 3

La formation initiale qui est dispensée par le système scolaire et universitaire est souvent théorique. C'est pourquoi les jeunes peuvent demander à faire des **stages** dans les entreprises pour connaître les aspects pratiques et concrets de l'entreprise et du monde du travail.
Ensuite, quand ils auront été embauchés dans une entreprise, leur formation pourra parfois être complétée par des périodes de **formation continue**. Cette formation a pour but d'adapter le salarié aux évolutions du travail. Elle permet parfois aussi à l'individu de se reconvertir ou d'acquérir un niveau de qualification plus élevé. Ceux qui ont une faible formation initiale peuvent donc percevoir la formation continue comme une seconde chance.

Exercice 4

1. Ce sont les diplômés bac +3 et plus qui accèdent le plus à la formation continue (64 % d'entre eux contre seulement 24 % pour les non-diplômés.
2. Cette situation semble à priori paradoxale puisqu'il est possible de penser que les non-diplômés auraient davantage besoin d'une formation, perçue comme une seconde chance.

En fait la formation continue renforce l'inégalité entre les salariés. Le paradoxe peut s'expliquer par différents arguments :

- la complexité technologique nécessite des compétences évolutives mais surtout pour les postes d'encadrement. Pour les simples tâches d'exécution la formation continue semble moins indispensable ;
- les plus diplômés ont une « soif de savoirs » et vont « réclamer » une actualisation de leurs compétences ;
- inversement les moins diplômés ont souvent connu des problèmes à l'école et ont gardé une perception négative des études. Leur crainte d'un nouvel échec peut les amener à renoncer à participer à une nouvelle formation.

Exercice 5

Pour les employeurs le diplôme revêt un double aspect. En premier lieu il constitue une **ressource** car il facilite la sélection des candidats en éliminant ceux qui ne correspondraient pas aux capacités attendues chez un futur salarié. Cependant le diplôme peut aussi être perçu comme une **contrainte**. En effet le détenteur d'un diplôme élevé pourra avoir davantage de prétention salariale aussi le caractère institutionnalisé des titres, les grilles de salaires qui y sont attachées vont limiter la liberté des employeurs en matière de fixation des salaires.

D'autre part une formation même spécialisée n'est jamais intégralement adaptée à l'entreprise. L'employeur devra donc ajuster le savoir et savoir-faire de celui qu'il embauche au cas particulier de son entreprise. Le diplômé aura-t-il la souplesse nécessaire pour accepter de transformer des connaissances trop théoriques ?

Exercice 6

La notion de compétence n'est saisissable qu'en situation de travail. Elle déborde les savoirs théoriques mais aussi le savoir-faire. Elle fait davantage appel au savoir-être du travailleur. Font partie des compétences : l'aptitude à coopérer, la facilité d'adaptation, la polyvalence, la capacité d'anticipation, la réactivité face aux imprévus, la motivation, l'esprit d'équipe, le sens de la communication…

Exercice 7

- La qualification comprend l'acquisition des savoirs et des savoir-faire alors que la compétence met davantage l'accent sur le savoir-être de l'individu.
- La notion de qualification renvoie à des qualités objectives (comme le diplôme) alors que la notion de compétence est beaucoup plus subjective.
- Pour la qualification la valeur est reconnue collectivement par toute une branche alors que la compétence est jugée de façon individuelle (un patron juge un salarié).
- Si un diplôme a la même valeur partout, un même individu peut être jugé compétent ou incompétent selon l'humeur des clients, des fournisseurs ou des employeurs.
- Un patron pourra voir la qualification lors de l'embauche (diplôme, expérience professionnelle) mais il ne se rendra compte de la compétence qu'un certain temps après l'embauche.

Exercice 8

Comme la compétence est subjective, elle peut être sujette à caution. En effet un employeur pourra juger un candidat incompétent ou compétent en fonction de certains critères arbitraires. Il pourra être fait une mauvaise réputation à un salarié qui pourra lui porter préjudice.

Vers le bac

I. La difficulté pour les jeunes quelle que soit leur formation de trouver un 1er emploi

En effet et surtout en période de crise, les jeunes ont du mal à trouver un premier emploi car :

- ils sont débutants, ils n'ont pas d'expérience, d'ancienneté ;
- ils n'ont donc pas de références ;
- ils ne connaissent pas toujours bien le marché du travail, les postes disponibles ;
- au début ils prospectent le plus souvent les entreprises de leur région avant de songer à une mobilité géographique éventuelle ;
- ils peuvent être malhabiles dans la rédaction de leur CV surtout s'ils n'ont pas grand-chose à y faire figurer.

Les employeurs souvent, préféreront embaucher des salariés un peu plus expérimentés qui connaîtront le métier, travailleront plus vite. Le jeune peut gâcher de la matière première, faire perdre du temps à ceux qui doivent lui expliquer le travail.

Même diplômé, il a souvent des connaissances théoriques alors que les entreprises préfèrent ceux qui ont un savoir-faire et sont directement opérationnels.

De plus, comme le nombre de diplômés a augmenté plus vite que le nombre de postes d'encadrement il y a une dévalorisation du diplôme et une déqualification (cf. cours).

D'autre part les études poursuivies ne sont pas toujours adaptées aux attentes des employeurs. Par exemple les diplômés en sciences humaines (psychologie…) ont davantage de mal à trouver un emploi que les scientifiques. Même si un diplôme élevé est une bonne protection contre le chômage, cela est de moins en moins vrai.

II. Les « opportunités » pour les jeunes dans les « métiers d'avenir »

En étudiant le marché du travail, il est possible de constater que de nombreux emplois ont été créés au cours des 25 dernières années mais ils concernent des domaines bien spécifiques.

Il existe donc des métiers d'avenir, des secteurs qui recrutent, aussi les jeunes peuvent-ils bénéficier de certaines opportunités.

- En observant la liste des professions où l'embauche est forte, on s'aperçoit d'abord que les besoins de personnel **diplômé** sont importants notamment dans le domaine de l'enseignement, de la formation et du recrutement. Cela peut s'expliquer à la fois par la prolongation de la durée des études mais aussi par les exigences de plus en plus élevées des employeurs.
- Ceux qui ont des compétences pointues en informatique, en comptabilité, en finance ont de belles perspectives d'avenir ainsi que les juristes (les procès étant de plus en plus nombreux).

  Les jeunes, en général plus diplômés que leurs aînés, ont des chances d'accéder à de tels emplois s'ils arrivent à mettre en valeurs leurs compétences.
- Cependant les métiers qui recrutent ne nécessitent pas tous de longues études. Avec le vieillissement de la population, les besoins sont importants en ce qui concerne les services aux personnes (aides à domicile, auxiliaires de vie mais aussi aides-soignants). L'hôtellerie-restauration recrute également mais là, il s'agit souvent d'emplois saisonniers. Les jeunes ont l'avantage d'être plus rapides et résistants physiquement.

Conclusion

Même si les jeunes à la recherche d'un premier emploi peuvent avoir des handicaps, des opportunités existent pour eux s'ils savent s'orienter vers les bonnes filières et valoriser leurs compétences. Ils doivent néanmoins prouver qu'ils ont des qualités qui pourront jouer en leur faveur par rapport à leurs aînés.

8 Le chômage : des coûts salariaux trop élevés ou une insuffisance de la demande ?

SENSIBILISATION

Étape 1

1. Pensez-vous que les patrons et les salariés ont la même opinion sur les causes du chômage ? Pourquoi ?

Étape 2

2. Pour le salarié, que représente le salaire ?

3. Pour l'employeur que représente le salaire versé à son personnel ?

4. Pour vous, le montant de salaire peut-il avoir un lien avec le chômage ?

ANALYSE

De nombreuses explications existent concernant les causes du chômage. Les mutations récentes de l'emploi (tertiarisation, précarisation…) ont provoqué des bouleversements mais ont-elles une part de responsabilité et pourquoi ? Les théoriciens ont souvent mis en avant le niveau des salaires pour expliquer le chômage. Mais quels sont les arguments de chacun ? Est-ce le salaire qui détermine le niveau de l'emploi ou l'inverse ? Comme le salaire peut être perçu comme un revenu ou comme un coût, est-il possible d'en déterminer un niveau idéal pour tous ?

I. Les mutations de l'emploi sont-elles une cause du chômage ?

1) Quels sont les changements structurels et leurs effets ?

a) Une forte salarisation

Le nombre de salariés a fortement augmenté au XXe siècle et représente aujourd'hui 90 % de la population active.

Par contre la part de l'emploi non salarié a fortement chuté, d'abord à cause de la baisse du nombre d'agriculteurs puis par la diminution des artisans et des commerçants qui subissent depuis 30 ans la concentration des entreprises et la forte concurrence des grandes surfaces (qui emploient de nombreux salariés). Malgré l'augmentation des effectifs des professions libérales, la proportion des emplois non salariés a été divisée par deux depuis 1970.

- Comme seuls les salariés qui ont perdu leur emploi sont considérés comme chômeurs, l'augmentation de la part des salariés peut accroître le potentiel de la population qui sera peut-être un jour au chômage.
- D'autre part, depuis 1950 la loi a instauré un salaire minimum pour les salariés (qui ne peuvent être rémunérés en dessous du SMIC horaire). Or, pour certains patrons le salaire minimum peut représenter une entrave à l'embauche (cf. II).

b) La tertiarisation

Aujourd'hui, 73 % des actifs travaillent dans les services. Les effectifs dans le secteur tertiaire ont été multipliés par 2 en 30 ans, la production de services multipliée par 5 pendant la même période. Cette forte tertiarisation s'explique par la combinaison de plusieurs facteurs :

- le progrès technique, la mécanisation et la robotisation ont fait diminuer les effectifs dans les industries où de nombreux ouvriers non qualifiés ont été remplacés par des machines dès les années 1970 (cette substitution s'appelle chômage technologique) ;
- ces dernières années, l'essor très important de certaines professions du tertiaire s'explique par de nouveaux besoins, de nouvelles attentes. Il s'agit notamment des professions liées à la santé et à l'action sociale (augmentation du nombre de médecins, infirmières, assistantes sociales), à la communication et l'information (informaticiens, journalistes), à l'enseignement (professeurs), aux loisirs (hôtellerie, restauration), aux « services aux particuliers » (aides à domicile pour personnes âgées, femmes de ménage, assistantes maternelles…) qui connaissent une forte croissance de leurs effectifs. Des emplois qualifiés mais aussi non qualifiés ont été créés. Mais sont-ils en nombre suffisant pour compenser les emplois qui ont disparu avec le progrès technique (robotisation et informatisation) ?
- enfin, les entreprises industrielles confient de plus en plus certaines de leurs tâches à des prestataires de services (pour le nettoyage, la compta-

bilité, le recrutement…). Ce mécanisme s'appelle **externalisation**. Mais quelles en sont les conséquences sur le nombre d'heures de travail ?

c) L'augmentation des qualifications

Les qualifications connaissent une évolution constante, facile à expliquer. Il s'agit à la fois de l'accroissement des aptitudes acquises par les salariés (diplômes, savoir-faire) mais également de la hausse des exigences requises par les employeurs pour occuper les emplois proposés. Dans l'industrie, avec le progrès technique, le travail non qualifié s'effectue désormais par les machines. Dans les services, l'informatique a supprimé certaines tâches simples et a, par contre, élevé le niveau de complexité du travail. La main-d'œuvre a dû s'adapter. Elle est de plus en plus diplômée (grâce à l'allongement de la durée des études, aux besoins en personnel d'encadrement). Mais le diplôme est-il un passeport pour l'emploi ? (cf. chapitre 7). Le diplômé ne sera-t-il pas plus exigeant en matière de salaire ? L'employeur ne deviendra-t-il pas alors plus exigeant au niveau des compétences ?

Il ne faut cependant pas en déduire trop vite que les emplois non qualifiés ont disparu. Ils subsistent dans certains secteurs tels que l'hôtellerie-restauration, les services aux personnes, le bâtiment… Mais sont-ils des emplois à temps plein ? À l'année ? Assez rémunérateurs pour garantir un certain pouvoir d'achat à leurs détenteurs ?

En matière de chômage, les résultats des changements structurels de l'emploi semblent assez mitigés.

2) La précarisation des emplois

Sur le marché du travail, de nos jours, coexistent deux sortes d'emplois salariés :

- les **emplois typiques** c'est-à-dire les emplois à temps plein et stables comme les contrats à durée indéterminée (CDI) ;
- les **emplois atypiques** qui sont, soit des emplois à temps plein mais précaires tels que contrats à durée déterminée (CDD), intérim, emplois aidés (emplois jeunes…), soit des emplois à temps partiel.

Les emplois atypiques nommés également **formes particulières d'emplois (FPE)** ont triplé depuis les années 1980. Cela s'explique par le fait que les employeurs souhaitent plus de **flexibilité** et de souplesse dans la gestion de leurs effectifs. Ils veulent pouvoir adapter leur niveau d'emploi aux variations de la demande (nombre de clients ou de commandes), aux aléas de la production ou à leurs besoins (pouvant fluctuer par exemple selon les saisons comme dans le tourisme).

Les emplois atypiques ne sont généralement pas considérés comme satisfaisants pour le salarié qui est maintenu dans une situation d'incertitude, avec souvent un salaire faible, des horaires irréguliers, peu de responsabilités et sans perspectives de carrière. Par contre, pour l'employeur, la flexibilité permet de diminuer le coût global de la main-d'œuvre.

Les effets sur le chômage sont antagonistes. Les emplois atypiques, même s'ils ne sont pas intéressants, sont néanmoins des emplois qui donnent à leurs

détenteurs le sentiment de se sentir utiles et peuvent favoriser une insertion. S'ils permettent de lutter contre un chômage de longue durée, ils peuvent par contre entraîner un chômage répétitif (mais souvent de courte durée).
Même si la précarisation de l'emploi s'accentue, les emplois typiques restent encore fortement majoritaires en France.

II. Pour les économistes libéraux, le chômage s'explique par des coûts salariaux trop élevés

Les économistes libéraux, pour expliquer le chômage s'inspirent grandement des économistes néoclassiques du XIXe siècle et, même si certaines conditions ont évolué depuis, il est utile de connaître la théorie néoclassique pour mieux comprendre les mécanismes contemporains.

1) L'analyse néoclassique

Les néoclassiques pensent que le marché du travail est un marché comme un autre (comme celui des biens et services). Le travail est une simple marchandise et le salaire est donc le prix de cette marchandise-travail sur un marché où vont se confronter offre et demande (cf. chapitre 5).
Dans l'analyse néoclassique c'est le salaire réel qui va déterminer la quantité d'emplois offerts. En effet, les entrepreneurs paient les salariés en faisant un calcul de rentabilité précis fondé sur la **productivité marginale** (c'est-à-dire l'efficacité du dernier travailleur embauché). Chaque employeur va avoir le raisonnement suivant :

- si le salaire du dernier embauché est inférieur à sa productivité, l'entreprise fait du profit et elle a intérêt à continuer d'embaucher ;
- si le salaire du dernier embauché est supérieur à sa productivité, il va faire perdre de l'argent à l'entreprise qui a intérêt à s'en défaire et à ne plus embaucher.

Dans cette analyse chaque salarié doit donc être payé à sa productivité. Cependant les néoclassiques pensent que la productivité marginale est **décroissante** ce qui signifie que le dernier travailleur apporte une valeur ajoutée supplémentaire inférieure au précédent.
Dès lors les emplois proposés par les entrepreneurs diminuent quand le salaire augmente. En effet le salaire ne doit pas être trop élevé pour que les derniers embauchés rapportent tout de même plus qu'ils ne coûtent.
Les travailleurs eux, vont aussi effectuer un calcul rationnel. Ils n'accepteront de travailler et de sacrifier leur temps libre que si leur rémunération leur permet d'accéder à un certain niveau de consommation. Plus les salaires seront élevés et plus leur offre de travail aux entreprises sera importante. Par contre, si les salaires sont faibles, ils seront peu décidés à travailler.
Si l'offre de travail des salariés est inférieure à la demande pour le taux de salaire en vigueur, les entreprises sont en concurrence pour obtenir une main-d'œuvre rare. Donc le salaire va augmenter provoquant dès lors à la fois une augmentation du nombre d'offres de travail des salariés mais une baisse de la demande de travail de la part des entreprises.

Par tâtonnement on arrive à un **salaire d'équilibre** où tous ceux qui sont prêts à accepter le taux de salaire du marché trouvent un emploi. Dans ce cas offre et demande de travail coïncident.
C'est pourquoi, dans l'analyse néoclassique, le chômage ne peut être que **volontaire** et s'explique par le fait que les travailleurs ont des prétentions salariales excessives et n'acceptent pas le salaire du marché.

2) L'analyse libérale contemporaine

Si, au XIXe siècle le chômage ne pouvait être que volontaire pour les néoclassiques, la situation va évoluer au XXe siècle avec la mise en place d'un salaire minimum (en 1950 le SMIG qui deviendra le SMIC en 1970).
En effet, la mise en place du salaire minimum va rendre les salaires **rigides**.
Il peut apparaître dès lors un **chômage involontaire** car les individus qui seraient disposés à travailler pour moins que le salaire minimum ne pourraient plus le faire.
Pour les libéraux contemporains, la rigidité des salaires mais aussi les charges sociales trop lourdes ainsi que les lois sur le travail sont trop contraignantes. Les employeurs seraient donc découragés d'embaucher. Certains libéraux pensent que la suppression du SMIC permettrait de créer de nombreux emplois. L'État deviendrait alors le responsable du chômage.

III. Pour les Keynésiens, le chômage s'explique par une insuffisance de la demande

Les économistes keynésiens contemporains s'inspirent des idées de J. M. Keynes.
Keynes (1883-1946) critique l'analyse néoclassique du marché du travail. Comme il a vécu la crise économique mondiale de 1929, il a réfuté l'idée que, pendant cette crise, le chômage était dû au fait que la main-d'œuvre ne voulait pas travailler pour des salaires faibles. Pour lui, le niveau de l'emploi ne dépend pas du prix du travail. Il dépend de la **demande effective** c'est-à-dire de la demande anticipée ou prévue par les entrepreneurs.
En effet les chefs d'entreprise anticipent un certain niveau de demande (à partir de leurs commandes par exemple) et ils réalisent un certain volume de production pour répondre à cette demande. Cette production va nécessiter un certain nombre d'heures de travail et les chefs d'entreprise embaucheront la main-d'œuvre nécessaire qui ne correspondra pas forcément au plein emploi. En période de crise les chefs d'entreprise sont pessimistes, ils pensent que les consommateurs consommeront peu (faible pouvoir d'achat). S'ils ont peur de ne pas vendre, ils ne veulent pas prendre le risque de produire inutilement (les stocks invendus coûtent cher). Ils limitent donc leurs investissements (dépenses d'équipement), réduisent leur production, n'embauchent pas et même licencient. Les machines sont sous-utilisées. Apparaît un cercle vicieux car les licenciements provoquent une nouvelle baisse des revenus, de la consommation et de la production, donc une aggravation de la crise.

C'est pourquoi le déterminant fondamental du niveau de l'emploi n'est pas le coût du travail comme les néoclassiques et libéraux mais bien la demande effective. Si les entreprises ont des commandes à satisfaire, elles embaucheront même avec un fort salaire. Inversement, si leurs perspectives de vente sont peu importantes, elles n'embaucheront pas même si le niveau des salaires est faible.

Pour Keynes, la baisse des salaires préconisée par les néoclassiques (et libéraux) est inefficace et même dangereuse car les salaires ne sont pas un coût mais un revenu et donc un débouché. Lorsque les salaires diminuent, les individus consomment moins, les entreprises ne sont plus incitées à investir. Il apparaîtra une crise de surproduction.

Dans l'analyse keynésienne un chômage **durable** et **involontaire** peut donc exister. Les mécanismes du marché sont incapables d'en venir à bout.

Que faire alors ? Keynes a proposé une intervention de l'État dans l'économie par une politique de grands travaux (construction de bâtiments publics, de routes…). Des commandes sont alors passées à des entreprises privées qui produisent davantage et donc embauchent. Les salariés augmentent leurs dépenses de consommation, ce qui « relance » l'activité dans toutes les branches.

À la suite de J. Keynes, certains économistes veulent adopter la même politique pour la crise contemporaine.

Conclusion

Les libéraux et keynésiens ont donc des idées opposées concernant le niveau de salaire à verser. Trop élevé pour les néoclassiques il alourdit le coût du travail, ce qui dissuade les employeurs d'embaucher. Trop faible pour les Keynésiens, le pouvoir d'achat est limité, la demande de consommation est faible, les entreprises sont pessimistes, limitent leur production et licencient. Finalement quel est le niveau de salaire idéal ?

Si l'une des deux théories est acceptée, l'autre est-elle forcément remise en cause ?

L'économiste **Edmond Malinvaud** a essayé de faire la synthèse des deux courants de pensée et a montré qu'il pouvait y avoir coexistence d'un chômage classique et d'un chômage keynésien. D'une part les entreprises sont soumises à une contrainte de rentabilité, si leurs profits sont insuffisants, elles ne voudront pas produire. En même temps, les salariés n'arriveront pas à trouver d'emploi au salaire existant et les entreprises n'arriveront pas à vendre ce qu'elles voudraient au prix en vigueur. Il est donc très difficile de résoudre ce problème.

Les niveaux des salaires (perçus comme coûts ou revenus) sont-ils les seules causes du chômage ? Ces éléments ne doivent-ils pas être intégrés à d'autres facteurs ? Pourquoi tant de travailleurs ont-ils tant de mal à trouver un « **patron engageant** » ?

Finalement les causes du chômage sont, de nos jours, nombreuses et complexes. Il est alors possible de distinguer plusieurs catégories.

LE CHÔMAGE : TABLEAU DE SYNTHÈSE SUR SES FORMES, SES CAUSES ET LES SOLUTIONS ENVISAGÉES POUR LE COMBATTRE

Catégories de chômage	Causes et explications	Comment le combattre ?
Chômage conjoncturel	• lié à une crise économique. Le revenu des ménages stagne, la consommation diminue, les entreprises limitent leur production et licencient (débouchés insuffisants). Baisse des investissements.	• redonner confiance aux entrepreneurs pour qu'ils investissent, augmentent leur production et embauchent. Politique de relance keynésienne (commandes publiques…).
Chômage structurel	• cas où les structures ne sont plus adaptées aux besoins, inadéquation entre qualifications offertes et demandées, déséquilibres régionaux liés à l'évolution de la localisation des emplois.	• scolarité de bonne qualité prenant en compte les besoins futurs des entreprises. • faire évoluer les mentalités qui sont réticentes à la mobilité géographique et à la mobilité professionnelle.
Chômage frictionnel	• délai d'ajustement entre la fin des études et le premier emploi ou entre deux emplois.	• améliorer l'information sur les postes vacants, favoriser la mobilité géographique, les contacts entre les jeunes et les entreprises (stages).
Chômage volontaire	• cas où l'individu refuse un emploi qu'il juge non gratifiant.	• soumettre l'indemnisation à conditions (idée libérale).
Chômage saisonnier	• lié à certaines activités comme le tourisme, l'hôtellerie, l'agriculture où les besoins sont fluctuants.	• proposer des tâches variées aux salariés selon les besoins du marché (suppose une polyvalence des travailleurs) ou favoriser la mobilité géographique selon les saisons.
Chômage technique	• lié aux pannes de machines, ruptures d'approvisionnement, intempéries, incendies, inondations qui stoppent la production.	• accélérer les procédures d'indemnisations des assurances. • jouer sur la prévention (contrôles, entretien).

Chômage technologique	• remplacement de l'homme par la machine lié au progrès technique (robotisation, informatisation). • coût trop élevé de la main-d'œuvre (cf. chômage classique).	• limiter la hausse du coût du travail, réduire les charges sociales, assouplir les réglementations trop lourdes (idées libérales). • instituer des taxes sur les machines pour favoriser la main-d'œuvre.
Chômage de conversion	• lié aux fermetures d'entreprise pour cause de faillite ou de délocalisation. Travailleurs âgés, spécialisés, dans des régions sinistrées où la reconversion est très difficile.	• favoriser des départs en préretraite. • reconvertir des régions vers des créneaux d'avenir, favoriser l'implantation de nouvelles entreprises par une politique fiscale avantageuse (ex. zone franche).
Chômage répétitif	• lié à la précarisation des emplois. Frappe ceux qui ont des CDD, un temps partiel subi. Manque de temps pour chercher un emploi stable.	• remettre en cause la trop grande flexibilisation du travail.
Chômage d'exclusion	• touche des travailleurs âgés aux connaissances obsolètes ou ceux qui n'ont pas de qualifications.	• développer la formation, favoriser les reconversions.

EN SAVOIR PLUS

Un auteur : J. M. Keynes : voir chapitre 1

Un auteur : Edmond Malinvaud

Économiste français né en 1923. Ses principaux apports concernent la théorie de la croissance et le chômage. Pour lui, il existe des déséquilibres qui peuvent conduire simultanément à un chômage néoclassique et à un chômage keynésien.
Œuvre principale : *Réexamen de la théorie du chômage (1980)*

ANECDOTES, CURIOSITÉS

Une phrase célèbre de Keynes

« Nous allons creuser des trous le matin et nous allons payer des ouvriers pour çà ; et puis la nuit, on va combler les trous et on va payer d'autres ouvriers pour çà. Et à la fin on aura payé deux fois plus d'ouvriers, donc on aura doublé la consommation. »
Voilà une méthode pour Keynes afin de résoudre le problème du chômage.

• Depuis que les statistiques officielles sur le chômage existent (1955) le taux de chômage le plus bas fut en 1957 avec 0,9 % de la population active et le plus haut en 1994 avec 12,4 %.

LES MOTS CLÉS

• **Employabilité :** probabilité pour un chômeur de retrouver un emploi.
• **Flexibilité du travail :** adaptabilité aux changements des conditions de travail. La variation peut porter sur les effectifs, les horaires, les qualifications demandées.
• **Taux de chômage global :** nombre de chômeurs/population active × 100.

8. Moyenne et médiane

La moyenne

La moyenne est une valeur centrale qui est un résumé d'informations. En SES elle est utilisée pour comparer les revenus, les patrimoines… Elle donne des informations sur le nombre (moyen) d'enfants, la taille des entreprises… Elle peut être simple ou pondérée.

1) La moyenne simple (ou moyenne arithmétique)

La moyenne simple d'une série statistique consiste à effectuer la somme des valeurs prises par la variable étudiée et à la diviser par le nombre de valeurs observées.
Moyenne arithmétique simple = $\frac{x_1 + x_2 + \ldots + x_n}{n}$ $x_1, x_2 \ldots x_n$ étant les n variables observées.
Si le calcul d'une moyenne est aisé, il ne faut pas ignorer que les moyennes comportent des limites et des pièges.

2) Les limites et pièges d'une moyenne simple

- La moyenne ne correspond pas nécessairement à la situation la plus fréquente, ni même à une situation réelle. Il est bien connu que « le Français moyen n'existe pas ».
- Si la moitié des élèves d'une classe ont 18/20 en SES et l'autre moitié 02/20 la note moyenne sera de 10/20 alors qu'aucun élève n'aura eu ce résultat moyen.
- Comme la moyenne est un résumé, il y a donc perte d'informations. Elle fait disparaître notamment les écarts entre les valeurs.
- Les moyennes sont parfois tirées vers le haut ou vers le bas par le poids de quelques éléments (mais qui peuvent être exceptionnels), car elles prennent en compte tous les montants. Par contre elles ne tiennent pas compte de la répartition des variables. C'est pourquoi il est parfois préférable de recourir à la médiane qui fournit une mesure plus fiable de la réalité, prenant en compte les effectifs.

3) La moyenne pondérée

L'utilisation de la moyenne pondérée se justifie lorsque l'on veut comparer des grandeurs qui ont un poids relatif différent c'est-à-dire qui n'ont pas la même importance. La moyenne pondérée utilise des coefficients.
Pour la calculer, on multiplie chaque valeur par son coefficient de pondération et l'on en fait la somme. Puis l'on divise cette somme par le total des coefficients.
Moyenne pondérée = $\frac{f1 \times 1 + f2 \times 2 + f3 \times 3 + \ldots + fn \times n}{f1 + f2 + \ldots + fn}$

f1, f2… étant les différents coefficients.

Les moyennes pondérées ont les mêmes limites que les moyennes simples auxquelles il faut ajouter certaines difficultés venant de la pondération.

4) L'effet de structure

Une moyenne pondérée peut varier mécaniquement sans qu'aucune valeur change, uniquement parce que les coefficients de pondération varient. C'est ce qui est appelé **« effet de structure »**. Par exemple quand la part des ouvriers diminue par rapport à celles des cadres, le salaire moyen augmente mécaniquement même si tous les salaires sont restés identiques.

La médiane

1) Définition et calcul de la médiane

La médiane (Me) est la valeur qui partage les effectifs d'une série statistique en deux parts égales. Autrement dit 50 % des termes de la série sont inférieurs à la médiane et 50 % sont supérieurs à elle.
Pour déterminer la médiane, il faut ordonner la série en valeurs croissantes (ou décroissantes) et choisir la valeur qui occupe le rang central.

- Si la série comporte un nombre impair de termes soit n = 2p +1, la médiane est la valeur de rang p +1
  Exemple : 3. 9. 11. 12. 13
  n = nombre de termes = 5 n =2 × 2 + 1 donc Me = 2 + 1 c'est-à-dire le 3e terme de la série, soit 11.
- Si la série comporte un nombre pair de termes soit n = 2p, la médiane est le centre de l'intervalle p et p + 1.
  Exemple : 2. 6. 9. 15
  n = 4 n = 2 × 2, la médiane est donc le centre de l'intervalle entre le 2e et le 3e terme, ici Me = 6 + 9/2 = 7,5.

2) Comparaison entre la moyenne et la médiane

- Quand la moyenne est égale à la médiane, cela signifie que les séries sont distribuées de manière symétrique.
- Quand la moyenne est supérieure à la médiane, cela montre qu'il existe quelques valeurs très élevées qui « tirent » la moyenne vers le haut.
- Quand la moyenne est inférieure à la médiane, c'est au contraire qu'il existe quelques valeurs très faibles qui « tirent » la moyenne vers le bas.

Pour comparer les revenus par exemple, la médiane a l'avantage de montrer la répartition selon les effectifs. Le calcul de la moyenne est moins significatif car il prend en compte les montants. Quelques très gros revenus pourront tirer la moyenne vers le haut et biaiseront la réalité alors que la médiane reflétera mieux où se situe la population.

✱ Exercice 1 : Vrai/Faux

A. Un chômeur est à la fois un demandeur d'emploi et un demandeur de travail.
Vrai/Faux

B. Le chômeur reçoit un salaire.
Vrai/Faux

C. Le taux de chômage est suffisant pour mesurer la gravité du chômage.
Vrai/Faux

D. La notion de sous-emploi est plus large que celle de chômage.
Vrai/Faux

E. Le coût du travail est équivalent au salaire.
Vrai/Faux

✱ Exercice 2

Un emploi atypique est-il toujours synonyme d'emploi précaire ? Pourquoi ?

✱ Exercice 3

Par quelle opération obtient-on ?

1. le salaire brut ; **2.** le salaire net ; **3.** le coût salarial

✱ Exercice 4

La direction de la société Piège annonce qu'elle va augmenter le salaire moyen de l'entreprise de 5 %. Le salarié André qui gagne 2 000 € va-t-il forcément toucher 2 100 € ?

✱✱ Exercice 5

Expliquez pour qui et pourquoi le SMIC peut être une entrave à l'embauche.

✱✱ Exercice 6

Une augmentation des salaires entraîne-t-elle forcément une hausse des coûts de production ? Expliquez.

✱✱ Exercice 7

Dans une entreprise qui comporte 10 salariés, 5 sont payés 1 400 € par mois, 4 touchent 1 500 € et le 10e (le cadre) 6 000 €.

1. Quel est le salaire moyen ?

2. Quel est le salaire médian ? Que pouvez-vous en conclure ?

✱✱✱ Exercice 8

Considérons deux entreprises :

- L'entreprise A emploie 85 % d'hommes payés 1 700 € par mois et 15 % de femmes payées 1 300 €.
- L'entreprise B emploie 15 % d'hommes payés 1 800 € et 85 % de femmes payées 1 400 €.

1. Quelle est l'entreprise qui paye le mieux ?
a) en observant les salaires pour chaque sexe ;
b) en calculant le salaire moyen de chaque entreprise.

2. Que pouvez-vous en conclure et comment l'expliquez-vous ?

Vers le bac

Document : l'individualisation des salaires

L'individualisation est un phénomène qui consiste à adapter et à faire varier la rémunération selon les individus. Le salaire de chacun dépend de ses caractéristiques propres (diplôme, expérience, efficacité, motivation...). Elle rompt avec la tradition antérieure du salaire collectif.

Les outils de l'individualisation sont les accessoires et les compléments du salaire : primes, participation, intéressement... Chaque salarié a un salaire de base qui peut déjà être lui-même individualisé selon des critères objectifs (qualification, poste...). Des rémunérations complémentaires peuvent accentuer cette individualisation en accordant des primes variables selon les individus, leurs performances, leur assiduité, leurs résultats...

Yodawork.com

Faites un plan détaillé en deux parties (chacune comprenant 2 sous-parties) en montrant quels sont les avantages et inconvénients de l'individualisation des salaires.

Corrigé des exercices

La sensibilisation

Étape 1

1. Les patrons et les salariés n'ont, en général, pas la même opinion sur les causes du chômage et c'est logique. Les employeurs fournissent des emplois et n'embaucheront que si cela s'avère rentable pour eux. Par contre, le salarié n'a pas ce point de vue.

Étape 2

2. Pour le salarié, le salaire représente un **revenu** qui va lui permettre d'avoir un certain pouvoir d'achat.

3. Pour l'employeur, le salaire représente un **coût**. Pour être embauché et gardé, le travailleur doit être rentable c'est-à-dire rapporter plus qu'il ne coûte à l'entreprise. Comme le montre l'illustration, le patron devra parfois arbitrer entre l'achat d'une machine, l'épargne ou l'embauche d'un salarié.

4. Le montant de salaire peut avoir un lien avec le chômage. Pour les théoriciens, c'est même un déterminant essentiel du niveau de l'emploi (cf. analyse).

Les exercices

Exercice 1 : Vrai/Faux

Question	Réponse	Commentaire
A	Faux	Le chômeur est bien un demandeur d'emploi mais c'est un offreur de travail (il offre son temps, ses compétences à l'entreprise). L'entreprise, au contraire, offre des emplois et demande du travail.
B	Faux	Il reçoit des indemnités chômage mais peut également ne pas être indemnisé.
C	Faux	Il ne tient pas compte de la durée du chômage qui est également un élément important.
D	Vrai	La notion de sous-emploi englobe en plus ceux qui travaillent à temps partiel.
E	Faux	Le coût du travail représente le salaire + les charges sociales.

Exercice 2

Les deux termes ne sont pas synonymes. Les emplois précaires sont des emplois atypiques mais inversement tous les emplois atypiques ne sont pas précaires (exemple : le temps partiel). Pour ne pas confondre les deux notions, il faut étudier avec précision leur définition.
Un emploi précaire est un emploi que le salarié n'est pas assuré de conserver (exemple : un CDD). Un emploi atypique est celui qui sort des « normes » traditionnelles en matière d'emploi et qui comprend non seulement des emplois précaires mais également les emplois à temps partiel (parfois choisi mais le plus souvent subi). Travailler à temps partiel est souvent peu intéressant pour le salarié compte tenu du salaire moins élevé alors que certaines contraintes restent les mêmes qu'avec une activité à temps plein (temps de transport par exemple). Cependant le contrat de travail à temps partiel peut être sous forme de contrat à durée indéterminée, ce qui ne correspond alors pas à un emploi précaire. La nuance des termes est donc importante en SES.

Exercice 3

1. Salaire brut = salaire net + cotisations sociales salariales.
2. Salaire net = salaire brut – cotisations sociales salariales.
3. Coût salarial = salaire brut + cotisations sociales patronales.

Exercice 4

Il s'agit d'un piège. Une augmentation du salaire moyen de l'entreprise ne signifie pas nécessairement que tous les salariés vont bénéficier de cette hausse moyenne. Certains salariés peuvent être augmentés de plus de 5 % alors d'autres au contraire peuvent ne rien avoir de plus. Rien ne permet donc d'affirmer qu'André touchera 2 100 €.

Exercice 5

Ce sont les économistes **libéraux** qui ont montré l'incidence négative du salaire minimum. Ils s'inspirent des néoclassiques qui pensaient que le salaire résulte de l'ajustement entre l'offre et la demande de travail. Pour les néoclassiques le chômage était volontaire et résultait des prétentions salariales trop élevées des travailleurs.
Au XXe siècle le SMIC peut être considéré comme un prix plancher qui va empêcher un libre ajustement entre l'offre et la demande. En élevant le coût du travail peu qualifié, les libéraux pensent que l'on décourage l'embauche des salariés à faible productivité. Pour les entreprises, il devient trop coûteux d'embaucher des jeunes sans expérience ou des salariés à faible qualification. Dans cette logique le SMIC est donc une entrave à l'embauche car il gêne la flexibilité des salaires, entraîne une rigidité et rend les salariés plus exigeants.

C'est pourquoi certains libéraux proposent la suppression du salaire minimum et davantage de flexibilité salariale.

Exercice 6

Souvent, quand les salariés demandent et obtiennent une hausse de salaire, cela augmente pour l'employeur le coût de production, aussi, ce dernier va répercuter cette hausse en augmentant ses prix de vente. Cependant la hausse des salaires n'entraîne pas **forcément** une augmentation des coûts de production. En effet si la hausse des salaires est inférieure à la hausse de la productivité du travail, alors le coût salarial unitaire baisse ce qui entraîne une baisse des coûts de production. Si salaire et productivité augmentent au même rythme, le coût salarial unitaire reste inchangé. C'est pourquoi les employeurs augmentent les salaires surtout en cas de forte hausse de la productivité.

Exercice 7

1. Salaire moyen de l'entreprise :

- $\frac{5 \times 1\,400 + 4 \times 1\,500 + 6\,000}{10}$ = 1 900 ce qui signifie que le salaire moyen de cette entreprise est de **1900 €**.

2. Salaire médian

- Comme l'entreprise a 10 salariés n = 10 n = 2 x 5 donc le salaire médian sera l'intervalle entre le 5e et le 6e salaire :
  Me = 1 400 + 1 500/2 = **1 450** ce qui signifie que 50 % des salariés gagnent moins de 1 450 € et 50 % gagnent plus.

Le salaire moyen de 1900 € est « tiré » vers le haut par le salaire du cadre. Mais ce n'est pas significatif car 90 % des salariés de l'entreprise touchent bien moins que ce salaire moyen. D'où l'intérêt du calcul de la médiane.

Exercice 8

1. En observant les montants des salaires, on constate qu'ils sont supérieurs pour chaque sexe dans l'entreprise B. Il est possible d'en conclure que **B paye mieux**.

2. En calculant le salaire moyen de chaque entreprise :
- **chez A** : (0,85 x 1 700) + (0,15 x 1 300) = 1 640 d'où un **salaire moyen de 1 640 €** ;
- **chez B** : (0,15 x 1 800) + (0,85 x 1 400) = 1 460 d'où un **salaire moyen de 1 460 €**.

Le salaire moyen est plus fort dans l'entreprise A et il serait tentant d'affirmer que **A paye mieux**.

3. On arrive à une conclusion paradoxale où B paye à la fois mieux et moins bien que A. Cependant le paradoxe n'est qu'apparent et s'explique par le pourcentage différent d'hommes et de femmes dans les deux entreprises, ce qui conduit dès lors à un **effet de structure**. La comparaison des salaires moyens globaux perd son intérêt puisque la composition des deux entreprises est dissemblable.

Vers le bac

I. Les avantages de l'individualisation

a) Pour les salariés

- Le salarié « méritant » a l'impression d'être rétribué de manière plus satisfaisante. Dans la conception « méritocratique » il apparaît juste que ceux qui travaillent beaucoup, font de gros efforts, sont très compétents et efficaces gagnent plus que ceux qui travaillent moins, sont moins consciencieux ou moins productifs. Le salarié peut être ainsi plus motivé et il cherche toujours à progresser dans son travail afin de connaître des augmentations continues de salaire.
- Dans les entreprises où les salaires sont individualisés il peut se créer une saine émulation, une concurrence entre les salariés qui les pousse tous à s'améliorer ce qui provoque pour l'entreprise une augmentation de la productivité. Les primes accordées aux plus créatifs stimulent l'esprit d'innovation ce qui entraîne le progrès technique puis la croissance. Comme les salariés bénéficieront des fruits de cette croissance par de nouvelles primes, un cercle vertueux se mettra en place pour la satisfaction de tous.
- D'autre part, les travailleurs vont prendre conscience de leur importance dans le système de production. Ils se sentiront utiles, pourront mesurer l'intensité de leurs efforts et vivront dans l'espoir de toujours progresser.
- Les salariés percevront aussi « l'individualisation » comme une « négociation ». Le travailleur apprend ainsi à valoriser son potentiel, se sent « maître de son avenir ». Les dialogues sont favorisés avec la direction.

b) Pour les entreprises

- Les entreprises sont les premières à bénéficier du fait d'avoir des salariés motivés et zélés. L'augmentation de la productivité permet de faire croître les profits et d'investir.
- L'individualisation fait diminuer les coûts salariaux de l'entreprise car seuls les plus méritants ont des compléments de salaire, les autres devant se contenter d'un minimum. La baisse du coût salarial global peut avoir pour répercussion une diminution du prix de vente des biens, ce qui satisfait le consommateur (hausse de la demande favorable à l'embauche).
- Pour l'employeur l'individualisation des salaires permet de mieux contrôler le travailleur ; le contrôle est rendu légitime s'il devient un moyen d'accorder par la suite une « récompense » et non une sanction. Le salarié acceptera d'autant mieux d'être surveillé s'il peut en retirer un avantage.

- Pour les libéraux, l'individualisation salariale permet d'ajuster ex post, c'est-à-dire après coup, le salaire des individus à leur productivité. Il n'y a plus, pour l'entreprise, de sommes dépensées inutilement. Certains voudraient même supprimer le SMIC qui, pour eux, peut être une entrave. Ils pensent qu'une plus grande flexibilité n'a que des avantages.

II. Les limites de l'individualisation

a) Pour les salariés

- L'individualisation des salaires n'est-elle pas discriminante voire injuste pour les débutants qui n'ont pas d'expérience et qui sont donc moins performants, les plus âgés qui deviennent moins rapides ? Que peuvent espérer ceux qui ont quitté le système scolaire avec peu de qualifications ? Ces individus peuvent se sentir dévalorisés voire méprisés. Dans ce cas ils n'ont rien à espérer, si leur situation ne peut changer, ils perdent tout espoir d'augmentation salariale.
- D'autre part le salarié est culpabilisé car la direction peut lui faire sentir que son « faible » salaire est de son entière responsabilité.
- L'individualisation des rémunérations peut nuire à la coopération entre les salariés. Il peut apparaître entre eux des rivalités causées par l'envie et la jalousie, des tensions internes qui peuvent être néfastes à la productivité de tous.
- Dans certaines professions la performance individuelle est très difficile voire impossible à déterminer. Un vendeur qui vend peu est-il forcément responsable de cette mévente ? La mauvaise conjoncture n'en est-elle pas le plus souvent la cause ? Pour un travail en équipe comment déterminer le plus méritant ? Pour les travaux intellectuels la productivité immédiate ne peut se calculer.
- Les primes en moyenne ne concernent que 20 % des meilleurs salariés. Ne sont-elles pas un simple « appât » pour faire travailler davantage tous les travailleurs et ne récompenser qu'une petite minorité ? Les espoirs des autres seront anéantis et la déception plus grande que si aucune promesse n'avait été faite.

b) Pour les entreprises et pour la société

- L'objectif de l'individualisation est, pour les entreprises de réduire les coûts salariaux totaux. Or les salariés les moins « méritants » qui auront des faibles revenus diminueront leur consommation, ce qui ne sera pas un avantage à long terme pour les firmes ; ces dernières seront obligées de réduire leur production, leur profit diminuera et elles seront obligées de licencier, d'où apparition d'une crise avec augmentation du chômage. On retrouve ici l'optique keynésienne sur les répercussions d'une faible demande.
- Un salarié qui gagne peu, qui n'est jamais augmenté ou récompensé peut se sentir frustré aussi les risques d'absentéisme, de coulage, de malfaçon augmentent, ce qui est néfaste pour l'entreprise.

- Pour être plus productifs, les travailleurs peuvent être tentés de travailler vite mais n'importe comment. La quantité sera présente mais au détriment de la qualité.
- Finalement l'individualisation des salaires ne peut-elle pas parfois devenir la justification d'un « capitalisme sauvage » où les moins performants sont éliminés sans scrupule ? Les moins productifs sont « stigmatisés », le travail n'est plus un moyen d'intégration pour tous, il n'est valorisant que pour les plus doués ou les plus chanceux.

Thème 5
Individus et cultures

9 Comment devenons-nous des acteurs sociaux ?

SENSIBILISATION

Étape 1

D'après vous, vos comportements et vos actions viennent-ils de ce que vous a transmis votre famille ? De ce que vous avez appris à l'école ? De vos propres expériences plus ou moins réussies ? Cherchez-vous à être conforme à votre groupe ou voulez-vous prouver votre identité par votre originalité ? Êtes-vous plutôt suiveur ou innovateur ?

© CA

Étape 2

D'après vous la petite fille de la photo ci-contre :

- cherche-t-elle à imiter sa maman ?
- tente-t-elle elle-même une expérience culinaire ?

Étape 3

« Les parents ne doivent pas s'acharner à créer l'enfant qu'ils voudraient avoir mais au contraire l'aider à devenir ce qu'il est en puissance, à épanouir ses potentialités. »
Que pensez-vous de cette phrase de Bettelheim ?

Étape 4

Lego Duplo :
Pour les enfants à partir de 2 ans

Un enfant joue 7 à 8 heures par jour. Et ce n'est pas inutile : c'est en jouant qu'il apprend le plus [...]
– Avec les thèmes de jeu ancrés dans un univers réaliste (la ferme, le train, la ville...), les boîtes Lego Duplo répondent aux besoins qu'a l'enfant de vouloir reproduire son environnement à sa façon et à son échelle, pour mieux le comprendre.
– Jouer avec les figurines l'aidera à reconnaître les structures sociales qui l'entourent. En quête d'identité, il prendra le rôle d'autres personnages

pour imiter de nombreuses situations observées ou pour s'en inventer de nouvelles.
– Construire ou assembler des briques pour créer quelque chose sera source de plaisir [...] Manipuler aide à développer la dextérité de l'enfant [...]
– Les Lego Duplo constituent un véritable éveil à la vie sociale de l'enfant. C'est en apprenant à échanger, à partager et à se comparer qu'il s'ouvrira aux autres. Construire la plus haute tour ou la plus belle maison sera un véritable challenge à partager entre amis [...]
– En tant que jouets de construction, ils vont stimuler l'imagination de l'enfant grâce à des scénarios de jeu qui varient à l'infini [...]
Avec Lego Duplo, les enfants créent, construisent et animent un monde sans frontières... le monde de leur imagination.

Ameline Communication au nom de Lego Duplo, nosBambins.com

1. D'une manière générale, en quoi le jouet permet-il le développement de l'enfant ?
2. En quoi les Lego permettent-ils un comportement d'imitation ?
3. En quoi les Lego favorisent-ils un comportement créateur ?

ANALYSE

Pour être intégrés dans la société dans laquelle ils vivent et y tenir une **place**, les individus doivent entretenir des **relations** avec d'autres à l'intérieur des institutions comme la famille, l'école, l'entreprise, les groupes d'amis et de pairs, les associations... Chaque membre va avoir un ou plusieurs **statuts** (ou positions) s'accompagnant de **rôles** qui y sont associés.
Pour éviter les conflits et favoriser l'adaptation de chacun à la vie sociale, les individus seront **socialisés** tout au long de leur vie et s'approprieront des **valeurs** et des **normes** régissant le fonctionnement de la vie en société.
Mais en quoi consiste la socialisation et par qui est-elle effectuée ?
Certains pensent que la socialisation doit être étudiée en prenant la société comme point de départ. Dans ce cas la socialisation sera un processus de **transmission** et d'**apprentissage**.
Elle aura alors tendance à unifier les comportements en créant un « moule » c'est-à-dire un ensemble avec des contours bien définis dont il ne faut pas sortir (respect des valeurs et des normes). Il s'agit d'un modèle **déterministe**.
Mais n'existe-t-il pas également dans la socialisation un processus d'**interaction** ? N'est-il pas possible de prendre l'individu comme point de départ ? En effet sommes-nous tous identiques ? Prêts à nous fondre dans la masse ? L'individu n'a-t-il pas une personnalité qui lui permettra de devenir un véritable **acteur social** c'est-à-dire de faire des choix, d'évoluer par rapport à ce qu'on lui a transmis ? Certains sociologues le pensent, ce sont les **interactionnistes**.

I. La socialisation par la transmission et l'apprentissage

1) En quoi consiste la socialisation ?

Socialiser c'est transformer un être **asocial** en un être social c'est-à-dire apte à vivre en société. La socialisation est un **processus** (et non un état figé), une suite d'apprentissages qui vont s'effectuer tout au long de la vie de l'individu.
Pour É. Durkheim (1858-1917) la socialisation se définit comme l'éducation méthodique et autoritaire des jeunes en vue de perpétuer et de renforcer l'homogénéité de la société. Pour lui, l'enfant est un être qu'il faut **modeler** et intégrer à la société par des **contraintes**.
C'est surtout pendant l'enfance que la socialisation va s'opérer (socialisation primaire) mais il ne faut pas non plus négliger la socialisation à l'âge adulte (socialisation secondaire) qui opère notamment dans le monde du travail et dans les différents groupes auxquels adhère l'individu.
La socialisation d'un enfant s'effectue surtout par la famille et l'école. Mais d'autres agents de socialisation pourront avoir un rôle… C'est pourquoi le contenu des apprentissages peut être très varié et dépendre de multiples facteurs : âge, milieu familial, importance des relations…
Au niveau global la socialisation est donc le processus par lequel l'être humain acquiert et intériorise des **valeurs**, des **normes**, un **langage**, un **statut**, des **rôles**.

2) Les acquis principaux du processus de socialisation

a) Les valeurs

Les valeurs sont certaines manières d'être, d'agir ou de se conduire qui sont reconnues comme idéales par un individu, un groupe ou une collectivité. Elles représentent des principes moraux qui permettent de classer des situations et comportements. Les valeurs fournissent en effet aux individus des points de repères moraux pour apprécier ou non les êtres, les actes des autres et les événements. Elles s'imposent comme un absolu et s'organisent en un idéal qui oriente les actes et les pensées.
Les valeurs dépendent les unes des autres, forment un système et s'ordonnent selon une hiérarchie où certaines sont plus importantes que d'autres. C'est « l'échelle des valeurs » qui peut évoluer selon les époques.
La tolérance, le respect d'autrui, la justice sociale, l'honnêteté sont des valeurs dans notre société.
Cependant les valeurs sont souvent trop abstraites. C'est pourquoi elles vont être traduites en règles pratiques de conduites c'est-à-dire en normes.

b) Les normes

Les normes sont des règles de conduite explicites ou implicites, plus ou moins institutionnalisées, fondées sur des valeurs. Elles peuvent prendre la forme de lois mais aussi de coutumes. Elles orientent notre comportement. Ne pas suivre

résumé de cours
exercices
contrôles
corrigés

les normes peut amener l'individu à recevoir une sanction officielle (pénale) ou une sanction diffuse (critique, mépris, rejet du groupe…).

c) Les statuts et les rôles

Le statut désigne les différentes positions qui sont occupées par un individu.
Exemple : un même homme peut avoir un statut de cadre, de père de famille, de président d'une association, d'automobiliste, de contribuable…
Le rôle est l'ensemble des attitudes que la société attend en fonction des statuts qu'elle a donnés. Un rôle social se définit donc comme un comportement normalisé qu'il faut adopter.

3) La socialisation par la famille

La famille est le principal agent de socialisation pour l'enfant.
Dès le plus jeune âge un enfant va, grâce à sa famille, adopter les comportements que l'on attend de lui. La famille va lui transmettre un certain nombre de connaissances, un langage, des règles de politesse et de savoir-vivre, un mode de vie… L'apprentissage peut être très varié, il dépend de l'âge de l'enfant mais aussi de la culture familiale.
Dans le modèle déterministe, la socialisation va s'opérer par **inculcation** c'est-à-dire de manière volontaire de la part des parents et où l'enfant est contraint de se conformer à ce qu'on lui apprend (respect des règles). Il va **imiter** les comportements valorisés. Il va **s'identifier** à des modèles (parents, amis mais aussi héros). Il va **incorporer** des codes. Il va **intérioriser** ce qu'on lui transmet. Le processus d'identification sera très fort. L'apprentissage peut s'effectuer par **renforcement** c'est-à-dire en utilisant des méthodes telles que récompenses ou punitions pour conditionner l'enfant.
Mais la socialisation familiale ne peut-elle pas également s'effectuer par un échange réciproque, une coopération et des influences mutuelles entre le socialisant et le socialisé ? Beaucoup le pensent et cela sera développé dans la partie suivante.
Cependant, dans tous les cas, la famille incarne protection, autorité, amour, affection. C'est ce climat qui rend l'enfant particulièrement **réceptif**.
Néanmoins, comme chaque famille est dépositaire d'une mémoire différente, détentrice d'un plus ou moins fort capital économique, social et culturel les inégalités existent dans la socialisation transmise aux enfants. C'est pourquoi de nombreux sociologues pensent que la socialisation familiale est un facteur de **reproduction sociale**. Les grands-parents peuvent aussi être socialisateurs par la transmission de **racines**, d'histoires familiales, de traditions…

4) La socialisation par l'école

L'école est un lieu essentiel de socialisation dès la maternelle jusqu'à l'université.
Elle transmet des savoirs, des savoir-faire. Les disciplines enseignées, qu'elles soient littéraires, scientifiques, économiques ou techniques, sont indispensables pour avoir une culture de base et envisager d'entrer dans le monde du travail. Le but est de permettre une intégration dans la société.

Les performances attendues et exigées des élèves à un âge donné ne cessent de se modifier et évoluent au cours des années ou des cursus choisis. Ces dernières années par exemple l'informatique a fait son entrée dans les savoirs exigibles. C'est pourquoi l'enseignement ne peut ignorer l'évolution des sciences et techniques et doit s'adapter rapidement.

L'école, dans le contenu de l'enseignement transmis, ne peut prendre en compte les inégalités culturelles entre les enfants des différentes classes sociales. Elle les considère égaux en droits alors qu'ils sont inégaux en fait. Son but est de démocratiser la société en favorisant une véritable égalité des chances. Mais elle est également **méritocratique** (récompense les mérites, les efforts, le travail mais aussi les résultats obtenus).

5) La socialisation comme processus différentiel

La socialisation par la transmission ne va, néanmoins, pas mettre tous les jeunes dans un seul moule puisqu'elle va être une socialisation différentielle dans une Société différenciée. En effet, les valeurs et les normes intériorisées ne vont pas être les mêmes selon le sexe de l'enfant ou le milieu social de la famille.

a) La socialisation différentielle selon le genre

Les modèles transmis aux enfants vont être différents pour les filles et les garçons. Les attitudes des parents ne seront pas analogues selon le sexe de leur enfant. La socialisation sera à la base d'une construction des **genres**.

En sociologie, on va parler de « genre » plutôt que de sexe pour montrer que les attributs sociaux attachés aux filles et aux garçons ne sont pas d'origine biologique mais culturelle.

Les jouets offerts aux filles (poupées, dînettes, panoplies d'infirmière, maisons aménagées avec ustensiles ménagers…) seront très différents de ceux offerts aux garçons (moyens de transport de toutes sortes, armes, guerriers…).

La socialisation est donc très sexuée. L'enfant apprend son rôle social. Il existe une construction précoce de la vie adulte.

b) Une socialisation différentielle selon l'origine de la famille mais facteur de reproduction sociale

Il existe une **reproduction sociale** lorsque la structure sociale se perpétue d'une génération à l'autre, quand les enfants ont tendance à rester dans la même catégorie sociale que leurs parents, quand les positions se maintiennent car chacun transmet à ses descendants son patrimoine mais aussi sa culture et son mode de vie.

Même si la société actuelle se transforme et évolue, la famille, à travers ses différentes fonctions, participe plus ou moins consciemment à ce phénomène de reproduction sociale.

Le sociologue Pierre Bourdieu a montré que les familles sont dotées de plus ou moins de capital, qu'elles vont transmettre à leurs enfants, ce qui va expliquer une forte reproduction sociale. Il a insisté sur le concept d'**habitus**. Il s'agit de l'ensemble des dispositions (comportement, mode de vie…) acquises au sein de son milieu social et qui vont par la suite structurer toute la vie nos pratiques quotidiennes. Ces dispositions ont été intériorisées si bien que nous pensons qu'elles ont toujours été en nous. Pour P. Bourdieu, plus notre socialisation s'est effectuée de manière diffuse (ou implicite) plus elle sera efficace car les enfants n'auront aucune raison de la remettre en cause puisqu'elle paraît naturelle.

Pierre Bourdieu analyse le rôle de la transmission des 3 formes de capital (économique, culturel et social) pour comprendre la reproduction sociale.

- La possession et la transmission d'un capital économique (commerce, entreprise...) sont un facteur important de rigidité sociale car les enfants des professions indépendantes pourront reprendre l'affaire familiale et s'installer eux aussi « à leur compte ». Ils auront moins de risque de connaître des difficultés d'insertion et le chômage. Cependant, aujourd'hui dans notre société qui comprend de plus en plus de salariés, le diplôme et la qualification deviennent de plus en plus nécessaires d'où l'importance plus grande de l'héritage culturel.
- Le capital culturel de la famille va avoir une grande influence sur la réussite scolaire des jeunes. En effet les individus à fort capital culturel peuvent aider leurs enfants car ils possèdent un langage riche, une grande facilité d'expression, une bibliothèque fournie, un goût pour certaines activités culturelles comme le théâtre, les musées... C'est pourquoi il existe une « inégalité des chances à l'école » s'expliquant par les différences de culture des parents.
- Enfin le capital social c'est-à-dire les relations de la famille sont également utiles pour les jeunes à la recherche d'un emploi.

Voilà pourquoi il existe une forte tendance à la reproduction sociale que l'école cherche pourtant à minimiser.

6) La pression sociale

La pression sociale va avoir une grande importance. L'individu va être influencé par « le regard des autres ». Le « jugement d'autrui » va conditionner son comportement. Si le jeune sort du « moule », qu'il ne répond pas à la norme, aux rôles qu'on attend de lui, il pourra être sanctionné, méprisé, exclu d'un groupe... Il doit donc être conforme aux attentes de la société mais cette dernière, en voulant unifier ou pacifier les individus, ne risque-t-elle pas, au contraire, de créer des conflits ?

II. Interactions et construction de l'identité

1) La socialisation un processus interactif

Aujourd'hui il semble que la socialisation s'effectue de manière moins directive qu'autrefois. De nombreux sociologues pensent que le jeune ne va pas assimiler passivement ce qu'on veut lui transmettre mais qu'il va **réinterpréter** selon sa personnalité le contenu des enseignements de la famille ou de l'école. Il va tester des nouvelles attitudes, parfois faire des erreurs qui seront néanmoins formatrices.

Si la socialisation de la famille peut s'opérer par inculcation (cf. I), elle peut aussi s'effectuer par **interaction**. Dans ce cas, la socialisation se réalise par des dialogues, des conseils, des négociations et non plus des ordres et des sanctions. Il y a un échange réciproque, des influences mutuelles entre le socialisant et le socialisé. Pour le psychologue **Jean Piaget** la socialisation est toujours une construction active et interactive de « nouvelles règles du jeu », ce qui va impliquer le remplacement des rapports de contrainte (basés sur l'autorité) par des rapports de **coopération** (fondés sur le respect mutuel et l'autonomie de la volonté).
De la même manière, l'école ne transmet pas que des savoirs. Elle a également pour but de développer chez les élèves un esprit critique et de les faire participer à l'élaboration de leurs connaissances (par exemple avec la pédagogie « active »). Comme l'école est méritocratique, chacun pourra, par son travail, ses efforts, ses dons arriver à des résultats différents. L'école a permis à de nombreux jeunes issus de milieux défavorisés de connaître une ascension sociale.
Les jeunes deviennent donc les **acteurs** de leur avenir et ne reproduiront pas forcément les mêmes modes de vie que leurs aînés. C'est ce qui permettra de faire évoluer la société et de transformer certaines valeurs et normes.

2) La création permanente de l'identité individuelle

C'est en voulant être unique que le jeune va se forger une **identité**. Il possède des attributs personnels comme son caractère, ses goûts et sa personnalité qui sont des éléments fondamentaux. L'individu n'est pas un « robot » piloté de l'extérieur. Ses actions comportent une part de **liberté**. Si la culture fournit des répertoires d'action, chaque action individuelle est un choix personnel dans un système plus ou moins contraignant. Le jeune va pouvoir librement orienter son avenir par le choix de ses études, par ses fréquentations, ses loisirs et diminuer ainsi l'emprise de sa famille.

3) La multiplication des agents de socialisation

Dans notre monde moderne, avec la multiplication des possibilités de contacts et d'échanges les jeunes sont de plus en plus en relation avec des cultures très différentes de la leur. Mais, contrairement à l'influence de l'école et de la famille, les autres agents ne seront socialisateurs que de manière plus indirecte. Mais quel sera le poids de cet élargissement du champ de socialisation ?

4) La socialisation par les groupes de pairs

Les jeunes, surtout à partir de l'adolescence, se soucieront plus de l'opinion de leurs camarades que de celle de leurs parents aussi ils pourront adopter un comportement contraire ou très éloigné des souhaits de la famille. Ils souhaitent souvent s'intégrer dans un groupe, voire une bande qui va avoir une influence dans leurs opinions et attitudes. De nos jours, avec la prolongation de la durée des études, la multiplication des associations de loisirs etc., des jeunes de milieux sociaux très différents sont amenés à se rencontrer. Ils apprennent ainsi à connaître d'autres valeurs, normes et attitudes que celles transmises par leur famille et réagiront de manière diversifiée. Suivant les personnes rencontrées et fréquentées, l'impact sera plus ou moins important.

5) La socialisation par les médias

La sociologue **Judith Lazar** a montré l'influence des médias et notamment celle de la télévision pour les jeunes de milieu défavorisé ou d'environnement pauvre, ne pouvant avoir des ressources de socialisation fiables et variées. Quel que soit son âge, un enfant pourra, en appuyant simplement sur un bouton, avoir accès à des informations très variées, dans tous les domaines. Plus il grandit, plus il devient ouvert aux signaux étrangers à ses habitudes.

Tous les jeunes, quelle que soit leur origine vont chercher avec la télévision des réponses aux questions qu'ils se posent sur le monde. Toutes les émissions sont porteuses d'idéologie et de valeurs mais, devant l'immensité des idées transmises que va retenir l'individu ? La télévision peut approfondir les divergences entre enfants et parents. Les jeunes vont comparer la situation de leurs « héros » avec celle de leur famille.

Le jeune va acquérir des opinions sur des sujets dont les membres de sa famille n'ont aucune idée. Il pourra donc « socialiser » ses parents.

Internet est venu compléter et intensifier le rôle socialisateur de la télévision. Internet donne la possibilité de développer ses connaissances grâce aux moteurs de recherche qui permettent d'avoir accès à une immense quantité d'informations même sur des sujets très pointus. Il est également possible de communiquer instantanément, grâce aux mails, avec des individus totalement différents de nous à l'autre bout du monde. McLuhan a développé à juste titre l'idée de « village planétaire ». Nous pouvons être désormais tout à fait surinformés, socialisés par de multiples idées sans nous déplacer.

Conclusion : identité individuelle et collective

L'individu va intérioriser les valeurs et normes de sa famille et en partie les reproduire, restant par certains côtés plus ou moins passif dans le « moule ». Mais ce dernier ne doit pas devenir un carcan. Aussi le jeune, dans de nombreuses circonstances, cherchera à s'inspirer d'autres agents différents rencontrés lors de sa vie ce qui multipliera les combinaisons culturelles. Il cherchera souvent aussi à tester de nouveaux comportements, souhaitera évoluer et innover, voulant exprimer ainsi son existence, sa personnalité et mettant en avant son identité. C'est ainsi qu'il deviendra un **acteur social**, maître et décideur de son avenir.

La socialisation s'inspire donc à la fois du passé mais, comme elle dure toute la vie, elle prend également en compte l'avenir. Elle est en fait un compromis entre la volonté de stabilité (qui rassure) et celle du changement (qui donne de l'espoir). N'est-ce pas ainsi qu'elle devient très enrichissante ?

EN SAVOIR PLUS

Un auteur : Pierre Bourdieu

Sociologue français (1930-2002). Il a montré qu'il existait une forte reproduction sociale et est à l'origine du concept d'**habitus** (manière d'être venant de la socialisation et du milieu familial).
Œuvres principales : *Les Héritiers (1964), La Distinction (1979), La Misère du monde (1993), La Domination masculine (1998)*

Un auteur : Émile Durkheim

Sociologue français (1858-1917), considéré comme l'un des fondateurs de la sociologie moderne. Il s'est intéressé au lien social. Pour lui, la socialisation est une contrainte exercée par la société pour obliger les individus à respecter une cohésion sociale. Elle doit donc s'effectuer par une inculcation morale et avec des sanctions. Dans son œuvre *L'Éducation morale* (1902), il explique que la socialisation a pour base les « modèles culturels transmis par la génération précédente ». E. Durkheim est déterministe.
Autre œuvre : *De la division du travail social (1893)*

Un auteur : Jean Piaget

Psychologue suisse (1896-1980). Il s'est intéressé au développement de l'enfant et a expliqué que la socialisation est un processus interactif entre le jeune et son environnement.
Œuvres principales : *Le Langage et la pensée chez l'enfant (1923), Le Jugement et le raisonnement chez l'enfant (1925), La Représentation du monde chez l'enfant (1926)*

CURIOSITÉS, ANECDOTES

- Selon un sondage de la SOFRES, 91 % des Français estiment que c'est la famille qui permet le mieux la transmission des valeurs.
- Les sociologues ont donné des noms aux différentes tranches d'âges :
  - de 0 à 2-3 ans : les « doudous » ;
  - de 4 à 11 ans : les « doulescents » ;
  - de 8 à 12 ans : les « préados »
  - de 10 à 13 ans : les « adonaissants » ;
  - de 12 à 15 ans : « le complexe du homard » (Françoise Dolto).

Les frontières se chevauchent puisque la maturité peut arriver plus ou moins vite.

LES MOTS CLÉS

- **Interaction :** comportement individuel en relation avec celui d'autrui et supposant une réciprocité.
- **Socialisation primaire :** c'est la socialisation qui s'effectue au cours de l'enfance. Elle se distingue de la **socialisation secondaire** qui est celle à laquelle un individu est exposé lors de sa vie d'adulte.

9. Les graphiques de répartition

Le but de ces graphiques est de représenter des pourcentages de répartition de façon instantanée et claire. Il en existe plusieurs formes (circulaires, rectangulaires…) mais leur ensemble est toujours égal à 100 %.

Le graphique circulaire

Il est souvent appelé « camembert », est divisé en secteurs ou parts dont les surfaces sont proportionnelles aux pourcentages de chaque catégorie d'un ensemble.

Exemple :

L'AVANCE OU LE RETARD DES ÉLÈVES SCOLARISÉS EN CLASSE DE 3e À LA RENTRÉE 2008

source : ministère de l'éducation nationale DEPP

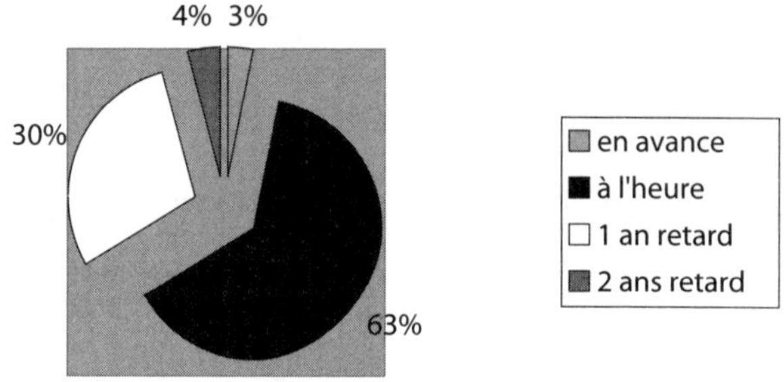

Pour construire un tel graphique il faut faire le calcul de l'angle correspondant aux pourcentages et utiliser un rapporteur.

100 % = 360°

Exemple : 63 % des élèves à l'heure en classe de 3e :

63 % = 360 × 63/100 = 227°

Le graphique en bandes

Nous pouvons reprendre le même exemple que ci-dessus.

La hauteur de chaque part est proportionnelle au pourcentage qu'elle représente.

On additionne les données et on les empile (sans retourner à la base).

Exemple : en avance 3 + à l'heure 63 : d'où la somme des deux 66 pour le point d'arrivée des deux premières parts.

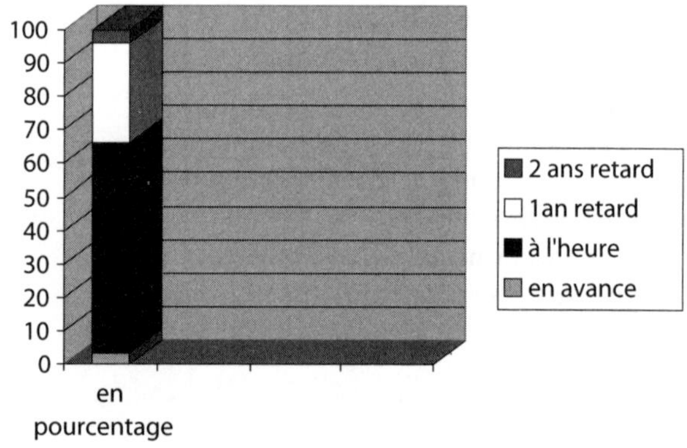

✱ Exercice 1 : Vrai/Faux

A. La socialisation prend fin à 18 ans.
Vrai/Faux

B. À chaque statut correspond un seul rôle.
Vrai/Faux

C. Punir un enfant qui fait une bêtise est un apprentissage par renforcement.
Vrai/Faux

D. Les pratiques éducatives sont les mêmes quel que soit le milieu social.
Vrai/Faux

E. Tous les agents de socialisation ont pour objectif principal de socialiser et d'éduquer.
Vrai/Faux

✱✱ Exercice 2

Vous avez un statut d'élève de Seconde. Quels rôles allez-vous devoir tenir pour :

1. Les professeurs ?
2. La vie scolaire ?
3. Les autres élèves ?
4. Vos frères et sœurs plus jeunes ?
5. Vos parents ?
6. L'État ?

✱✱ Exercice 3

À l'école, dans une classe les enfants ont le même âge, dans la famille les enfants ont des âges différents. Quelles sont les conséquences sur la socialisation ?

✱✱ Exercice 4

Comparez valeurs et normes.

✱✱ Exercice 5

Comparez statuts et rôles.

✱✱ Exercice 6 : Une socialisation différenciée

Les jeux que l'on donne aux enfants reflètent le caractère anticipateur et utilitaire du jeu. Chez les filles : les outils du travail ménagers sont présents en force dans les jouets « pour filles », ceux offerts aux garçons sont liés au mouvement, à l'aventure... Et il est vrai que le jeu constitue bien, la plupart des spécialistes s'accordent tout à fait sur ce point, un instrument d'apprentissage des rôles sociaux.

M. Duru-Bellat, *L'École des filles*, L'Harmattan, 1995.

1. Qu'appelle-t-on une socialisation différenciée ?
2. Pourquoi M. Duru-Bellat pense-t-elle que les parents participent à la construction de l'identité sexuelle de leur enfant ?
3. Quelles sont les conséquences à long terme ?

✱✱ Exercice 7

Pourquoi l'entreprise est-elle un lieu de socialisation pour le travailleur ? Expliquez.

✱✱✱ Exercice 8

En vous inspirant des pourcentages des graphiques de la méthodologie, comment peut-on expliquer les années de retard dans la scolarisation ? Montrez ce qui dépend de la transmission et ce qui vient du comportement individuel.

Vers le bac

Document 1

À l'adolescence, le sujet tend à rechercher son émancipation à l'égard de la famille en rejoignant de petits groupes de pairs. Le sentiment d'appartenance aux groupes de copains se vérifie alors comme plus puissant ***temporairement*** *que celui d'appartenance à la famille.*

P. Badin, *Aspects psychosociaux de la personnalité*, Le Centurion.

1. Qui compose les pairs d'un adolescent ?
2. Quels sont les liens qui se créent entre les pairs et en quoi favorisent-ils la socialisation ?
3. Pourquoi le mot **temporairement** ?

Document 2

Nombre d'adolescents acceptent difficilement que leur culture soit fortement déterminée par les instances de socialisation : « Je suis libre de mes goûts et de mes opinions. » Toute idée de déterminisme social est puissamment rejetée... (Cependant) le rôle déterminant de la socialisation dans la formation des façons d'être et de se comporter semble être admis une fois pour toutes.

Hubert Pério, « Touche pas à ma culture », *Idées*, n° 129, 10/2002.

4. Qu'est ce que le déterminisme social ?
5. Que rejettent les jeunes et pourquoi ?
6. En quoi ces deux documents se rapprochent-ils ? En quoi se différencient-ils ?

Corrigé des exercices

La sensibilisation

Étape 1

Les réponses sont subjectives et personnelles. Les sociologues ont des avis divergents sur ces sujets.

Étape 2

La petite fille peut, soit chercher à imiter sa maman, soit essayer de tester ses possibilités. Les deux interprétations sont possibles. La première va se référer au processus de transmission et la deuxième mettra en avant le processus d'interaction.

Étape 3

Avis personnel.

Étape 4

1. Le jouet permet le développement de l'enfant car il permet de copier le comportement des adultes mais il permet aussi de laisser libre cours à son imagination et à sa créativité. Il peut, selon l'âge de l'enfant et la nature du jouet, développer de nombreuses qualités variées.

2. Les Lego permettent aux enfants d'imiter le monde des adultes et donc de se socialiser pour de nombreuses raisons :
- le jeu est ancré sur un univers que l'enfant connaît (la ville, la campagne…) ;
- il peut reproduire les métiers qu'il voit dans son environnement (agriculteur, conducteur de bus, pompier…). Il imite ceux qu'il admire ;
- il peut se sentir fier en copiant les grands et penser au métier qu'il fera plus tard ;
- il peut aussi développer des contacts humains qui lui permettront une meilleure intégration.

3. Les Lego permettent également de favoriser un esprit créateur pour plusieurs raisons :
- l'enfant peut s'inventer une nouvelle vie grâce à son imagination et se mettre à la place de son personnage ;
- il peut imaginer des situations inédites, inventer une « histoire » ;
- les possibilités infinies d'assemblage des briques laissent la possibilité de tout créer ;
- l'enfant peut bâtir son propre scénario.

Toutes ces qualités seront importantes pour que l'enfant devienne un acteur social.

Les exercices

Exercice 1

Question	Réponse	Commentaire
A	Faux	Elle dure toute la vie (socialisation secondaire à l'âge adulte).
B	Faux	Un statut entraîne plusieurs rôles.
C	Vrai	
D	Faux	Chaque classe sociale a un « habitus » différent.
E	Faux	Les amis, les médias n'ont pas cette priorité (socialisation implicite).

Exercice 2

Les rôles sont les attitudes que les autres attendent de nous, compte tenu de notre statut (ici élève). C'est en répondant à ces attentes que nous remplissons nos rôles.

1. Les professeurs attendent que l'élève travaille avec sérieux, qu'il soit motivé, pose des questions et fasse tous les efforts nécessaires pour progresser.
2. La vie scolaire attend que l'élève soit « discipliné » c'est-à-dire ait un comportement adéquat au fonctionnement d'une vie en collectivité, qu'il ne provoque pas de conflit, qu'il soit respectueux des horaires et des lieux, qu'il justifie ses éventuelles absences.
3. Les autres élèves attendent un esprit de camaraderie, une solidarité et une aide au sein de la classe.
4. Les frères et sœurs plus jeunes attendent de leur aîné une aide dans les devoirs, des conseils pour le choix d'options ou d'orientation.
5. Les parents attendent que leur enfant travaille sérieusement pour avoir, ultérieurement, une « bonne situation ».
6. L'État attend que le jeune élève devienne, grâce à la formation reçue, un citoyen responsable.

Exercice 3

À l'école, les enfants ont le même âge alors que, dans la famille les âges des enfants sont différents et peuvent être plus ou moins éloignés, d'où des répercussions sur la socialisation.

À l'école, l'enfant va pouvoir se comparer aux autres, voir s'il évolue et progresse au même rythme. Les enfants s'influencent les uns les autres. Les enseignements proposés seront bien adaptés à leur âge et l'enfant pourra se situer par rapport à la norme, à ce qu'on attend de lui (conformité).
Dans la famille, les enfants d'âges différents sont confrontés à d'autres apprentissages. Les plus grands doivent veiller sur les plus petits. Ils apprendront à assumer des responsabilités. Les plus jeunes vont essayer d'imiter leurs aînés mais sans pouvoir toujours y parvenir et il faudra leur en expliquer les raisons. Les parents, dans le choix d'activités communes, devront bien faire attention à ce que tout le monde puisse participer. Chacun devra trouver sa place en tant qu'individu unique.

Exercice 4

- Les valeurs sont des manières d'être, d'agir, de penser. Elles sont donc **abstraites** contrairement aux normes qui sont plus **concrètes** : lois, règlements, codes de conduites etc.
- Les valeurs sont floues (sentiment vague sur ce qui est bien ou mal) alors que les normes sont très précises (actes interdits).
- Les normes découlent des valeurs. Des règles de conduites institutionnalisées sont mises en place, fondées sur des valeurs. Celui qui n'aurait plus de valeurs ne respecterait plus les normes.
- Les valeurs sont transmises par la famille, l'éducation. Les normes sont parfois codifiées par la loi.
- Lorsque les valeurs évoluent, elles peuvent faire changer les normes.
- Une seule valeur comme le respect d'autrui peut entraîner de multiples normes (règles de savoir-vivre etc.).
- Les valeurs et les normes donnent des limites aux individus.

Exercice 5

- Le statut est la place d'un individu à un moment donné dans la structure sociale, le rôle est l'ensemble des attitudes et des valeurs attachées à ce statut.
- Le statut prescrit un certain nombre de modèles de conduite que le rôle concrétise. Le rôle est donc perçu comme la mise en œuvre des droits et devoirs donnés par le statut.
- Un statut (ex. professeur) donne plusieurs rôles (enseignement, notation, participation aux conseils de classe etc.).
- Le statut équivaut souvent à la profession et le rôle aux obligations impliquées par le métier.
- Si un commerçant n'est pas aimable, il ne remplit pas son rôle mais gardera son statut.
- Un individu peut avoir à la fois plusieurs statuts et de multiples rôles.

Exercice 6

1. Il existe une socialisation différenciée lorsque l'on ne transmet pas les mêmes valeurs aux filles et aux garçons, lorsque l'on encourage certains types de comportement pour un sexe mais pas pour l'autre.
2. M. Duru-Bellat pense que les parents participent à la construction de l'identité sexuelle de leur enfant car ils pratiquent une socialisation différenciée. Ils vont offrir des jouets différents à leurs enfants selon leur sexe (poupée ou camion), ils auront des attentes différentes (douceur pour la fille, courage pour le garçon).
3. À long terme cette socialisation aura des effets puisque les adultes hommes réagiront différemment des femmes en ce qui concerne les travaux ménagers par exemple. Ils garderont les rôles sociaux acquis dans l'enfance. Même si des changements sociaux ont lieu (les hommes qui participent davantage aux tâches ménagères) les mentalités n'évoluent que lentement. Cette socialisation différenciée a également des répercussions dans le choix de l'activité professionnelle (secteur social, enseignement surtout pour les femmes).

Exercice 7

L'entreprise est un lieu de socialisation. Le travailleur apprend à se comporter de manière « conforme » au groupe auquel il appartient (conscience professionnelle). Il doit également répondre aux attentes de sa hiérarchie, de ses collègues, de ses fournisseurs ou de ses clients. Il existe une « culture d'entreprise » c'est-à-dire que chaque organisation a son vocabulaire spécifique, sa façon de travailler, ses problèmes… Les individus partagent un même espace et doivent entretenir de bonnes relations : respect envers la hiérarchie, solidarité envers les collègues, amabilité envers les clients, aide envers les moins expérimentés. Finalement, la vie de l'entreprise peut être très enrichissante pour le travailleur.

Exercice 8

Il est complexe d'expliquer les causes des années de retard dans la scolarisation.

- Certains auteurs comme Pierre Bourdieu montrent l'influence de la famille dans les difficultés scolaires et donc la responsabilité de la **transmission**. Par exemple les familles ayant un faible capital culturel, un langage et une bibliothèque peu fournis ne pourront pas aider leurs enfants dans leur scolarité. Ils n'oseront refuser un redoublement et seront fatalistes face aux échecs de leurs enfants.
- D'autres auteurs insistent sur **le comportement individuel** pour expliquer le retard dans la scolarisation. Il est possible de mettre en avant dans ce cas le manque d'intérêt pour les études (« **le cancre las** »), la volonté de contredire sa famille, le manque d'ambition, la malchance,

la volonté de s'amuser au lieu de faire des efforts, les difficultés de concentration, le désir d'être ailleurs ou de trouver le plus rapidement possible un emploi…

Vers le bac

1. Les **pairs** sont des personnes semblables, qui sont dans la même situation (pair signifiant « égalité »). Les pairs d'un adolescent sont les jeunes de son âge (amis, copains, camarades de classe ou de loisirs).
2. Si la famille est le lieu essentiel de socialisation de l'enfant, l'adolescent va être davantage influencé par ses pairs qui peuvent aussi être des agents de socialisation.
   Avec ses amis, ses copains, sa « bande », le jeune va apprendre des valeurs comme la sociabilité, le respect des autres, l'entraide mais va aussi partager des activités, s'initier à certains sports ou jeux. L'influence va s'opérer par les discussions, les conseils, l'imitation. Contrairement à la famille il n'y aura pas de punition. Le jeune va tenter des expériences (avec des essais et parfois des erreurs) mais qui seront formatrices et développeront sa personnalité.
3. Le mot « temporairement » traduit le fait que l'influence des pairs peut être éphémère. Les relations des jeunes évoluent avec les années, de nouveaux liens se créent alors que d'autres se distendent avec les changements d'école, de classe, de loisirs. La famille, par contre, a une influence durable, sa socialisation perdure et peut même prendre de nouvelles formes quand l'adolescent mûrit (rapports de confiance, de délégation de responsabilités etc.).
4. Le déterminisme social est un principe selon lequel les individus (ici les adolescents) sont déterminés c'est-à-dire influencés par leur milieu social (ici la famille). Cela signifie alors que la liberté de choisir et d'agir de l'adolescent est faible puisque l'impact de sa famille est prépondérant.
5. À l'adolescence, les jeunes rejettent le déterminisme et l'influence de leur famille car ils sont à un âge où ils veulent faire apparaître leur personnalité. Ils peuvent se rebeller contre la culture et les valeurs familiales pour montrer qu'ils existent et qu'ils ont leur caractère. Ils ne veulent pas uniquement assimiler passivement ce qu'on leur a inculqué mais veulent prouver qu'ils sont capables d'avoir un esprit critique et de faire évoluer la société.
6. Les deux documents montrent la volonté des adolescents de se désengager de l'emprise familiale. Dans les deux textes les jeunes minimisent le rôle de la socialisation de la famille.
   Cependant dans le premier document l'émancipation se réalisera à travers les amis et les pairs alors que le deuxième document insistera davantage sur l'affirmation de la personnalité du jeune qui veut devenir « l'acteur » de sa propre destinée et ne plus s'en remettre à l'influence des autres. Il réclame sa liberté d'opinion et la reconnaissance de son individualité.

10

Comment expliquer les différences de pratiques culturelles ?

SENSIBILISATION

Étape 1

1. Quels sont vos loisirs ? Quelles sont vos pratiques culturelles ?
2. Pouvez-vous bien voir la différence entre un loisir et une pratique culturelle ?
3. D'après vous, qu'est-ce qui va avoir une influence dans vos choix de pratiques : vos goûts, votre milieu familial ou social, votre âge, l'école ou vos amis ?

Dépenses culturelles et de loisirs en 2008

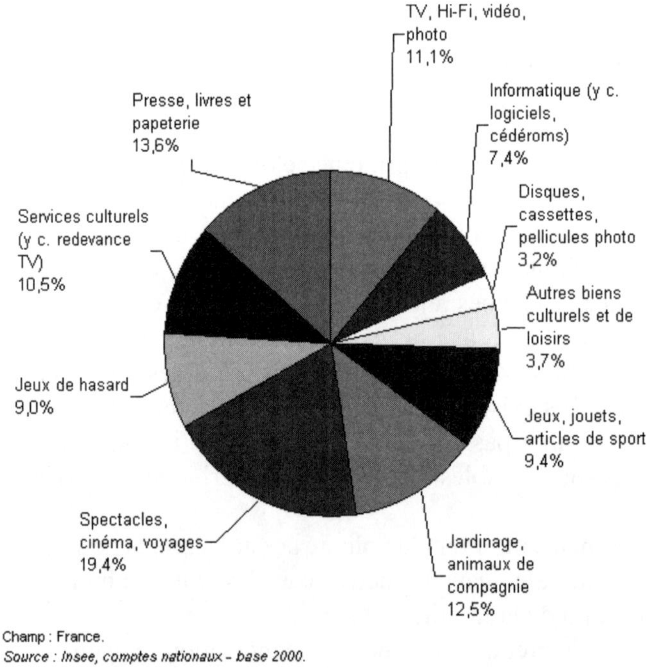

Champ : France.
Source : Insee, comptes nationaux - base 2000.

Étape 2

1. À partir de ce document, dans quel domaine la part des dépenses culturelles et de loisirs est-elle la plus importante ?
2. D'après vous comment cela peut-il s'expliquer ?
3. Quelles sont les activités « culturelles » et les activités plutôt de simple loisir ?

En France, comme dans les autres pays occidentaux, le poids des dépenses de biens et services culturels dans le budget des ménages a fortement augmenté depuis les années 1960. Est-il possible d'y voir une démocratisation de l'accès à la culture ? Une uniformisation des pratiques ?
Que faut-il entendre exactement par pratiques culturelles ? Si ces dernières sont des activités de loisirs, tous les loisirs ne sont pas « culturels ». Mais la frontière entre les deux est-elle facile à déterminer ?
D'autre part, nos goûts dépendent-ils de notre personnalité ou sont-ils déterminés par notre milieu social ou par d'autres critères tels que notre âge ?
Avec la multiplication des offres liées à la culture, n'est-il pas de plus en plus complexe d'expliquer les différences de pratiques culturelles ?

I. Les pratiques culturelles, leurs différences et leur degré de légitimité

1) La difficulté à définir les pratiques culturelles

a) Les études statistiques

Les pratiques culturelles découlent de la notion de culture. Mais quels critères permettent de distinguer les simples loisirs des pratiques culturelles ?
André Malraux a inauguré le premier ministère consacré aux affaires culturelles en 1959 et, depuis, l'État a fait des enquêtes régulières dans le but d'avoir une connaissance précise des habitudes des individus mais aussi de démocratiser certaines pratiques réputées « culturelles ».
À partir de ces études ministérielles, il a été distingué 5 « filières » de pratiques culturelles :

- l'image (télévision, vidéo, ordinateur, Internet) ;
- le son (radio, disques, chaîne hi-fi) ;
- l'écrit (livres, presse) ;
- les sorties (cinéma, bibliothèques, médiathèques, théâtre, musée, discothèque, expositions, spectacles vivants) ;
- les pratiques amateurs (instrument de musique, photographie, collection, participation à une association).

Cependant cette liste ne comporte pas tous les loisirs des individus.
Le champ d'étude retenu par le ministère de la Culture est plus restrictif que celui de l'INSEE dans ses enquêtes « Culture loisirs, budget des familles ».

L'INSEE inclut les dépenses relatives aux vacances, au sport, au bricolage… D'autre part, l'INSEE prend en compte les **dépenses** alors que le ministère de la Culture mesure les **pratiques** (fréquence et durée de l'écoute de la radio, fréquentation de musées…).
Les deux enquêtes prennent donc en compte des éléments différents mais toutes deux observent des différences de goût et de pratiques suivant plusieurs critères comme l'âge, le sexe, le lieu d'habitation, le statut professionnel et le degré d'instruction.

b) La distinction pratiques culturelles/loisirs

D'après les études ministérielles, les pratiques culturelles représentent donc la fréquentation de lieux culturels (musée, cinéma, théâtre, spectacles, monuments, etc.) et la consommation ou l'utilisation de biens culturels (livres, instruments de musique, médias, photographie, etc.). Par contre, les activités sportives, les jeux de hasard, le jardinage et le bricolage sont considérés en tant qu'activités de simple loisir.

2) Quelles pratiques pour quelle légitimité ?

La distinction entre les activités culturelles et les loisirs peut cependant amener à se poser un certain nombre de questions. La lecture d'un livre de cuisine, les émissions de divertissement à la TV doivent-elles être classées dans la même catégorie que la lecture d'un livre de philosophie ou que la pratique du violon ? Au niveau des spectacles, un concert de musique classique est-il semblable à une sortie au cirque ? Se servir d'Internet peut être parfois un enrichissement culturel mais dans d'autres cas un simple divertissement. La classification est-elle alors objective ? Si elle comporte des limites dont il faut être conscient, elle permet cependant de réaliser différentes études sur le comportement des individus.
En effet, l'espace des goûts et des habitudes culturelles est socialement différencié et hiérarchisé. Les goûts et couleurs des individus ne sont pas distribués au hasard. Les enquêtes ont montré qu'il existait des régularités selon les groupes sociaux mais aussi des différences entre les divers groupes qui avaient des explications sociologiques. Cela signifie-t-il alors que les pratiques culturelles ne sont que les marqueurs de la stratification sociale ?

II. Les différences de pratiques culturelles expliquées par des déterminismes sociaux

1) Les pratiques culturelles expliquées par certains facteurs sociaux

Plusieurs facteurs peuvent expliquer les différences de pratiques culturelles :

- **l'âge :** il joue un rôle important. Les jeunes auront des activités plus collectives et plus orientées vers les sorties (exemple : le cinéma). Les deux seules activités qui augmentent avec l'âge et qui sont donc plus fréquentes chez les personnes âgées sont la lecture de journaux et le temps passé devant la télévision ;

- **le sexe :** même si son influence a tendance à diminuer, elle reste néanmoins importante sur quelques aspects. Les femmes lisent plus que les hommes (davantage de livres et de magazines) et constituent la clientèle majoritaire du théâtre. La participation aux associations reste en revanche une activité plus masculine (1 homme sur 2 contre 2 femmes sur 5) ;
- **la taille de la famille :** ceux qui ont plusieurs enfants et, notamment en bas âge, vont limiter certaines sorties à l'extérieur ;
- **le revenu :** ceux qui ont des revenus modestes devront souvent renoncer à des sorties coûteuses comme l'opéra, les concerts ou le théâtre ;
- **le lieu de résidence :** les disparités entre zones urbaines et rurales ont diminué avec l'augmentation des équipements culturels et les facilités de déplacements mais les divertissements restent beaucoup plus nombreux à Paris et dans les grandes villes. Leurs habitants ont donc beaucoup plus de facilités pour en profiter ;
- **la catégorie socioprofessionnelle :** les cadres iront davantage visiter les musées que les ouvriers.

2) L'analyse de Pierre Bourdieu : les différences expliquées par « la distinction » et la « socialisation différentielle »

Le sociologue Pierre Bourdieu a réalisé des études empiriques et, dans son ouvrage *La Distinction* paru en 1979, il dresse un cadre théorique très solide pour analyser les liens entre la culture et le milieu social.

Pour P. Bourdieu, les pratiques culturelles sont un instrument de distinction, jouent un rôle de barrière entre les groupes sociaux et constituent donc un mode de reconnaissance sociale.

P. Bourdieu a montré que les pratiques les plus « légitimes » c'est-à-dire celles auxquelles il est reconnu une valeur supérieure aux autres (par l'école mais aussi par des experts) étaient pratiquement exclusivement le fait des classes supérieures ou « cultivées » (celles ayant un fort capital culturel) : opéra, théâtre, musique classique, musées… Les classes moyennes se contentaient de pratiques moins reconnues ou « dégriffées » : opérette plutôt qu'opéra, jazz, visite de monuments et de châteaux à la place des musées, photographie au lieu de la peinture.

Enfin les classes populaires sont exclues du domaine de la culture « légitime » et se contentent de « chansons totalement dépourvues de prétention artistique ».

Mais comment expliquer ces différences ?

P. Bourdieu pense que le goût n'est pas « inné » Il dépend des dispositions acquises et intériorisées pendant l'enfance qui vont déterminer la capacité plus ou moins grande de s'approprier la culture. Les enfants des différentes classes sociales ne vont pas être socialisés de la même manière et c'est ce qui fera toute la différence dans les loisirs pratiqués à l'âge adulte. La socialisation permet d'acquérir un type de langage plus ou moins fourni, de prendre l'habitude de certains centres d'intérêt. Par exemple si un enfant écoute au sein de la cellule familiale de la musique classique, apprend à jouer d'un instrument (le solfège est-il à « **la portée** » de tous ?), si les parents possèdent des œuvres d'art ou une grande bibliothèque, le jeune apprendra à aimer cette culture « savante » et à avoir une aisance et une familiarisation avec ces œuvres culturelles.

Chaque classe possède donc son propre style de vie défini aussi par ce qui est détesté. Si les classes dominantes rejettent la culture de masse (c'est-à-dire celle qui est véhiculée par les mass media), les individus des milieux populaires considèrent que certaines pratiques dites de « grande culture » ne sont pas pour eux.

L'analyse de Pierre Bourdieu est donc déterministe puisque l'être humain ne choisit pas le milieu social de sa famille. Cependant, ses goûts seront déterminés par son origine sociale.

III. Les différentes pratiques culturelles expliquées par les interactions et la construction de soi

1) Le modèle « omnivore/univore » de Richard Peterson

Dans les années 1990 le schéma décrit par P. Bourdieu ne semble plus être reconduit tel quel. Les habitudes et comportements ont évolué. Des travaux empiriques (à partir d'enquêtes sur le terrain) ont montré que la frontière entre culture savante et culture non légitime n'était pas si évidente. Le sociologue américain Richard Peterson a développé le modèle dit « omnivore/univore ».

Dans les classes supérieures, les individus sont « omnivores » c'est-à-dire qu'ils auront des pratiques culturelles très variées, des goûts éclectiques et ne limiteront pas leurs activités à des pratiques dites légitimes ou de culture savante. Ils n'hésiteront pas à « transgresser » les frontières culturelles (exemple : à la TV ils apprécieront la chaîne Arte mais regarderont parfois des émissions de variétés sur TF1). Ils seront « friands » de loisirs d'intérêts très diversifiés comme le montre la métaphore « omnivore » (« ils se mettront tout sous la dent »).

Cette idée remet en cause l'analyse de Pierre Bourdieu sur « la distinction ».

Pour Richard Peterson, le fort capital culturel donnerait une plus grande capacité à assimiler la nouveauté et une plus grande tolérance culturelle vis-à-vis des pratiques jugées moins nobles.

Par contre les classes populaires seraient « univores » c'est-à-dire auraient des goûts, des habitudes et préférences beaucoup plus exclusifs, s'enfermeraient dans un répertoire limité et peu varié. Par exemple les fans d'un artiste se trouveront surtout dans les milieux populaires et le fan est l'exemple type de « l'univore ».

2) L'analyse de Bernard Lahire

Bernard Lahire dans *La Culture des individus* (2004) réfute l'idée de nouveaux comportements culturels chez les élites. Pour lui il existe une **dissonance culturelle** (ce qui correspond à l'omnivorisme de Peterson) mais qui n'est pas

exclusivement le comportement des classes supérieures mais également des classes populaires.
Pour lui, l'individu est un « homme pluriel » quel que soit son milieu d'origine.
Plusieurs arguments permettent d'expliquer la dissonance culturelle :
- la perte de prestige de la culture littéraire et artistique des élites ;
- la concurrence des médias surtout de la TV (et aujourd'hui d'Internet) ;
- l'augmentation de la durée de la scolarisation pour les enfants de milieux populaires qui apprennent à connaître la « culture légitime » souvent par des pratiques obligatoires (professeurs imposant des lectures par exemple) ;
- la multiplication des agents socialisateurs (amis, groupes de pairs...) et une moindre influence familiale ou de l'école pour les classes supérieures ;
- le conflit de générations à l'adolescence qui peut pousser à des pratiques opposées à celles de sa famille. Beaucoup de jeunes de milieu « cultivé » rejettent la culture savante de leur famille et préfèrent le rock et les sorties en discothèque avec leurs amis ;
- le désir parfois de défoulement chez certains adultes ;
- les contraintes familiales (exemple : moins de sorties quand on a des enfants en bas âge).

B. Lahire montre donc les limites d'une analyse telle que celle de P. Bourdieu où les individus auraient uniquement des pratiques culturelles reflétant leur milieu social.

Conclusion

Ces dernières années, les sociologues ont pris conscience que ce n'est pas ce qui est pratiqué qui est le plus important mais comment (et avec qui). Par exemple, suffit-il de comptabiliser les entrées au musée ou faut-il étudier le temps passé et l'attention portée à chaque tableau ? De telles études ne sont-elles pas trop complexes à réaliser ?
D'une définition étroite des pratiques culturelles centrées sur les pratiques « cultivées » et légitimes, les sociologues sont passés à une définition plus large car il est très difficile, voire prétentieux, de classer les différents genres.
Comme la société est individualiste, les acteurs sociaux veulent être à la fois originaux et authentiques. Les individus doivent donc construire leur propre identité sur la base de leur trajectoire personnelle.
Il existe bien toujours des différences de pratiques culturelles mais celles-ci sont de plus en plus complexes à analyser et à expliquer compte tenu de la multiplication des facteurs pouvant avoir une influence.

EN SAVOIR PLUS

Un auteur : Pierre Bourdieu

Cf. chapitre 9

Un auteur : Bernard Lahire

Sociologue français né en 1963, **professeur** de sociologie à l'École normale supérieure de Lyon et directeur du groupe de recherche sur la socialisation (CNRS). Ses travaux portent sur les pratiques culturelles des Français mais aussi sur la réussite scolaire en milieu populaire, les modes populaires de l'appropriation de l'écrit.
Œuvre principale : *La Culture des individus (La Découverte, 2004)*

Un auteur : Richard Peterson

Auteur américain décédé le 3 mars 2010 à 77 ans.
Sociologue de la culture, un des fondateurs de la section « *Sociology of culture* » de l'Association américaine de sociologie. Dans les années 1990 son opposition entre l'homme univore et omnivore remplace la distinction entre le snob et les masses pour classer les pratiques culturelles. Il a remis en cause la problématique de P. Bourdieu.
Il est également une référence pour les sociologues de la musique.
Œuvre : *Le Passage à des goûts omnivores : notions, faits et perspectives, « Sociologie et sociétés » (2004)*

CURIOSITÉ, ANECDOTE

Le roman-feuilleton

Le XIXe siècle est un siècle d'innovations en matière de produits culturels. L'apparition du roman-feuilleton dans les années 1840, va susciter une grande panique parmi les élites de l'époque. Il va être accusé d'abaisser le niveau culturel, d'entraîner la facilité, de permettre la diffusion de mauvais romans. Les éditeurs, face à ce succès, vont devoir s'adapter ainsi que la création littéraire. Les feuilletonistes se multiplièrent, l'écriture devait désormais se plier aux exigences du rendement et de la standardisation.
Au début du XXe siècle, les Français, plus alphabétisés, vont vivre désormais au rythme des industries culturelles.

LES MOTS CLÉS

• **Culture de masse :** ensemble des messages et des valeurs transmis par les mass media (presse, radio, TV) et par les entreprises culturelles (industrie du cinéma, du disque...). Le développement de la culture de masse a été présenté comme un facteur d'uniformisation culturelle mais les sociologues ont montré que les groupes sociaux interprètent différemment les messages transmis.

• **Déterminisme :** schéma de pensée selon lequel le futur est nécessairement contenu dans le passé. Tout est programmé à l'avance et les individus ne peuvent agir.

10. Comment éviter les généralisations abusives

Qu'est ce qu'une généralisation abusive ?

Quand on constate des caractéristiques communes sur l'étude de plusieurs cas particuliers, on pense parfois que l'on peut les étendre à l'ensemble des situations de même type et dégager un principe général.
Or, souvent la généralisation est trop simplificatrice, n'est pas pertinente, est erronée et devient donc « abusive » car plusieurs fautes de logique peuvent être commises.

Dans quels cas apparaît-elle ?

- En premier lieu, la généralisation se fait surtout à partir de l'étude d'un ou de plusieurs exemples. Or un exemple ne prouve rien, il ne montre qu'une possibilité mais il peut en exister d'autres qui sont très différentes. C'est pourquoi, si l'exemple sert à illustrer une idée, il ne démontre jamais une caractéristique générale (car il est possible de trouver des contre-exemples).
  Ce serait une erreur grave d'affirmer : « Je connais un ouvrier qui lit des livres de philosophie donc on peut en déduire que les ouvriers aiment la philosophie. » Ce serait une simplification outrancière.
- Il est également possible de faire une généralisation abusive lorsque l'on considère une catégorie d'individus et que l'on en tire des conclusions à un niveau plus global sur la totalité des individus.

À quoi la généralisation abusive est-elle due ?

- Elle peut découler d'une étude trop rapide d'un phénomène. Après avoir constaté un fait à partir d'un exemple, s'il n'y a pas approfondissement de la réflexion, il est possible d'arriver à rassembler des cas en réalité très différents. Il faut donc éviter de simplifier fortement les problèmes. En omettant des éléments importants (les omissions sont des « **cas pas cités** »), vous ne mettrez pas en valeur vos capacités d'analyse !
- Une généralisation abusive s'explique aussi quand un fait semble banal ou courant. Certains trouvent alors tentant d'exagérer, d'amplifier le problème en le généralisant pour lui donner davantage d'ampleur. Mais le risque n'est-il pas alors de perdre toute crédibilité ?

Pour éviter les généralisations abusives

- Il faut prendre conscience qu'un mécanisme qui semble cohérent, ne se réalise pas forcément dans toutes les circonstances mais qu'il peut être soumis à certaines conditions.

- Il ne faut pas négliger les effets pervers ou l'existence d'autres phénomènes qui peuvent invalider la première conclusion. C'est pour cela que le vocabulaire doit être nuancé pour ne pas « affirmer » de manière catégorique des idées générales qui peuvent s'avérer fausses.

Exemple : quand il y a une hausse de la productivité, si l'on affirme que la production va forcément augmenter, il s'agit d'une généralisation abusive. En effet ce n'est qu'une possibilité car, si une production supplémentaire semble inopportune, on réduira plutôt le nombre d'heures de travail en gardant la production initiale.

Les généralisations hâtives ou imprudentes sont donc à bannir.

✵ Exercice 1 : Vrai/Faux

A. Les individus changent moins de pratiques culturelles qu'autrefois.
Vrai/Faux

B. Le lieu de vie n'a plus aucune influence sur les activités culturelles.
Vrai/Faux

C. Pour P. Bourdieu, les goûts ont une origine sociale.
Vrai/Faux

D. Comme le nombre de diplômés augmente, les individus lisent plus qu'il y a vingt ans.
Vrai/Faux

E. Le fan d'un chanteur est omnivore.
Vrai/Faux

✵ Exercice 2

En observant le graphique 1 répondez aux questions suivantes :

1. Complétez la phrase :
« 91 % des 15-19 ans ont utilisé Internet à des fins personnelles au cours du mois de l'enquête en 2008 contre… % des 75 ans et plus soit… fois plus. »

2. Que constatez-vous en observant ce graphique et comment l'expliquez-vous ?

Graphique 1 – Utilisation de l'internet à des fins personnelles selon l'âge

Sur 100 personnes de chaque groupe

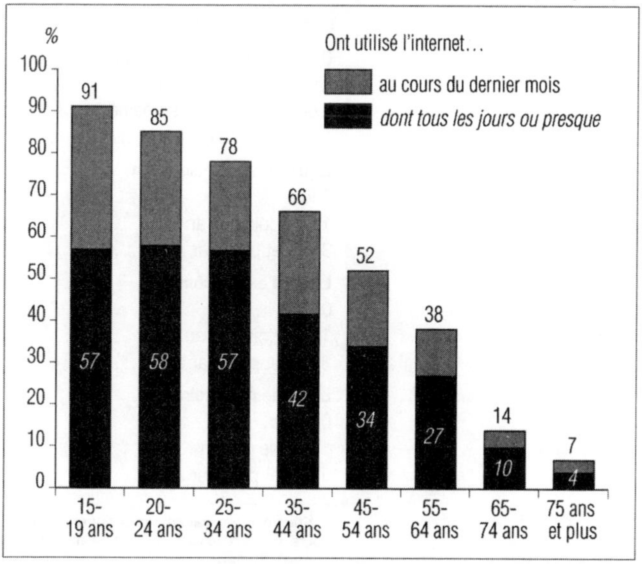

Source : *Pratiques culturelles 2008*, DEPS, ministère de la Culture et de la Communication, 2009

✱ Exercice 3

D'après vous, les activités pratiquées sur Internet sont-elles les mêmes quelle que soit la catégorie d'âge ?

✱✱ Exercice 4

Pour vous, l'utilisation d'Internet peut-elle toujours être considérée comme une pratique culturelle ?

✱✱ Exercice 5

Quelles sont les conséquences du développement de la pratique de l'ordinateur et d'Internet sur les autres pratiques culturelles « traditionnelles » ?

✱✱ Exercice 6

En étudiant le tableau n° 2 ci-dessous, quel est le lieu où la fréquentation est la plus forte en 2008 et comment l'expliquez-vous ?

✱✱ Exercice 7

D'après le tableau n° 2 ci-contre la fréquentation des bibliothèques et médiathèques est assez faible et a même diminué. D'après vous pourquoi ?

Tableau 2 – Fréquentation globale des équipements culturels

Sur 100 personnes de 15 ans et plus	**1997**	**2008**
Sont allées au cours des douze derniers mois		
Salles de cinéma		
0 fois	51	43
1 à 5 fois par an	27	33
6 fois et plus par an	23	24
Bibliothèques, médiathèques		
Jamais	69	72
Moins d'1 fois par semaine	22	20
1 fois par semaine ou plus	9	7
Lieux de spectacle vivant[1]		
0 fois	53	51
1 ou 2 fois par an	23	26
3 fois et plus par an	24	22
Lieux d'exposition[2]		
0 fois	54	58
1 ou 2 fois par an	21	21
3 fois et plus par an	25	22
Lieux de patrimoine[3]		
0 fois	61	62
1 ou fois par an	21	22
3 fois et plus par an	18	16

1. Spectacle de danses folkloriques, danse, cirque, music-hall, opérette, opéra, concert de rock, concert de jazz, concert de musique classique, autre concert, théâtre.
2. Parc comme le Futuroscope ou la Cité des sciences, exposition de peintures, exposition de photographies, galerie, musée.
3. Monument historique, site archéologique, son et lumière.

Source : *Pratiques culturelles 2008*, DEPS, ministère de la Culture et de la Communication, 2009

Document 1

Plus généralement, il y a une hiérarchie des pratiques culturelles. Les arts nobles (peinture, théâtre, musique classique, sculpture) sont l'apanage des classes dominantes. Les membres des classes moyennes cultivées (petits-bourgeois diplômés) se caractérisent par la « bonne volonté culturelle ». Ils ont une intense activité culturelle, mais comme ils maîtrisent mal les codes des domaines les plus nobles, ils se tournent vers des ***succédanés :*** *le cinéma, la bande dessinée, le jazz, les revues de vulgarisation scientifique, la photographie... Quant aux classes populaires, il ne leur reste que les miettes si l'on en croit Bourdieu, qui réfute l'idée d'une culture populaire (...).La culture n'est que la partie la plus visible de l'habitus (...). Dans une large part de nos occupations, nous ne réfléchissons pas : nous agissons sur la base de la conception du monde que nous avons apprise.*

P. Cabin, *Sciences humaines*, n° 105, mai 2000.

1. Aux idées de quel auteur fait référence ce document ?
2. Quelles stratégies adoptent les classes dominantes et pourquoi ?
3. Qu'est-ce qu'un **succédané** ?
4. Expliquez la phrase soulignée.

Document 2

Bonne audience, mauvaise conscience

Un certain nombre d'enquêtes font apparaître depuis des années un décalage important entre les images des grandes chaînes hertziennes et leur audience...

Il semble qu'il existe à l'égard des chaînes privées (TF1, M6, Canal +) une sorte de mauvaise conscience des téléspectateurs. Beaucoup s'en veulent de regarder des émissions qu'ils considèrent comme « racoleuses » sur des chaînes qui placent chaque année la barre un peu plus « bas » pour faire de l'audience, avec le plus souvent un incontestable succès...

Globalement, les Français jugent sévèrement les chaînes et, plus encore, les programmes. Pourtant, force est de constater qu'ils les regardent sans y être évidemment obligés. On a donc sans doute la télévision qu'on mérite, en tout cas celle qu'on regarde, même si l'on n'en est pas très fier.

Gérard Mermet, *Francoscopie 2007, Larousse.*

5. Pourquoi les téléspectateurs ont-ils « mauvaise conscience » en regardant certains programmes TV ?
6. Peut-on rapprocher ce texte des idées d'un sociologue ? Lequel et pourquoi ?
7. En quoi le document 1 et le document 2 s'opposent-ils ? Expliquez.

Corrigé des exercices

La sensibilisation

Étape 1

1. Réponses personnelles.
2. cf. analyse I.
3. Tous les éléments cités vont avoir une influence.

Étape 2

1. La part des dépenses culturelles et de loisirs la plus importante en 2008 se trouve dans le domaine « spectacles, cinéma et voyages ».
2. Cela s'explique par le fait que ces activités ne sont pas gratuites et peuvent même représenter un certain coût. Mais il ne faut pas négliger non plus l'intérêt des individus pour le cinéma (qui permet de répondre à de multiples goûts), pour les voyages (facteurs de dépaysement, d'enrichissement culturel et de détente).
3. Les activités de simples loisirs sont plutôt :
   - le jardinage et les animaux de compagnie ;
   - les jeux de hasard ;
   - les jeux, jouets, articles de sport.

Les autres catégories du document sont perçues comme « culturelles » mais la distinction doit être nuancée car la frontière est souvent floue entre la culture et la simple détente.

Les exercices

Exercice 1 : Vrai/Faux

Question	Réponse	Commentaire
A	Faux	Avec l'augmentation de l'offre culturelle, les individus sont plus versatiles.
B	Faux	L'influence diminue mais existe toujours.
C	Vrai	
D	Faux	Hélas !
E	Faux	Il est au contraire univore.

Exercice 2

1. « 91 % des 15-19 ans ont utilisé Internet à des fins personnelles au cours du mois de l'enquête en 2008 contre **7 %** des 75 ans et plus soit **13** fois plus. »
2. Le graphique à observer représente, pour l'année 2008, l'utilisation d'Internet à des fins personnelles selon différentes tranches d'âges (à partir de 15 ans). Les résultats sont présentés sous forme de pourcentages.

Il est facile de constater que, plus l'âge augmente, moins fréquente devient l'utilisation d'Internet. En effet, si 91 % des jeunes de 15 à 19 ans se servent d'Internet et encore 52 % des 45-54 ans, ils ne sont plus que 7 % des plus de 75 ans à l'utiliser.

La diffusion rapide de l'ordinateur et d'Internet dans les foyers constitue un phénomène majeur de la dernière décennie. Il a néanmoins surtout touché les plus jeunes qui sont nés après le début de l'ère numérique et, qui ont suivi une scolarité intégrant ces technologies modernes. Ils sont donc plus à l'aise avec ce média et se connectent très facilement à Internet. À l'âge adulte, de nombreux travailleurs, mais surtout les plus diplômés, utilisent l'informatique dans leur profession et ont vu l'utilité d'être également équipés à domicile. Les plus âgés, par contre, et surtout les retraités, qui n'ont jamais utilisé l'informatique dans leur métier, sont plus réticents face à ces nouvelles technologies qui peuvent leur sembler trop complexes ou inutiles.

Exercice 3

Les activités possibles grâce à Internet sont multiples et dès lors, des individus très différents peuvent y trouver ce qu'ils recherchent. Les jeunes de 15-19 ans privilégient en général l'écoute et le téléchargement de musique, la communication par des réseaux tels que Facebook, les jeux vidéo. Ils effectuent également des recherches documentaires pour faciliter leur travail scolaire.

Les plus de 65 ans par contre, ont une utilisation très différente d'Internet et privilégieront l'envoi et la réception de mails à leurs « **proches éloignés** » ainsi que des photos des petits-enfants.

Exercice 4

Internet est devenu un support privilégié de notre temps libre mais, a accentué la porosité entre culture et simple loisir. En effet, comme Internet est « un média à tout faire », il peut enrichir nos savoirs si nous choisissons les « bons sites » c'est-à-dire les sites fiables et qui nous permettent d'augmenter nos connaissances de manière rigoureuse. Il est alors une véritable pratique culturelle.

Par contre, en est-il de même si notre utilisation d'Internet se cantonne à faire des jeux en ligne, à envoyer des messages à ses copains de classe, à effectuer des achats sur des sites commerciaux ?

Certains ne conçoivent en effet l'ordinateur que comme un simple moyen de détente ou de distraction. Finalement, plus que « l'outil », c'est la manière de s'en servir et ce qui y est fait qui est important.

Exercice 5

Les pratiques culturelles ont été bouleversées par le développement du numérique et de nombreuses activités convergent désormais vers les écrans.
Les possibilités de consommation, de stockage et d'échanges de contenus audiovisuels ont été fortement multipliées mais cela a provoqué le déclin de certaines pratiques culturelles « traditionnelles ». Par exemple, il a été facile de constater la diminution de la lecture de la presse (les nouvelles se trouvent sur Internet), la diminution de la lecture de livres (notamment chez les plus jeunes). Par ailleurs certaines activités artistiques ont connu une baisse de leur pratique comme le dessin, la sculpture, la peinture, la gravure, le chant… Certaines activités se sont transformées comme la photo et la vidéo qui ont connu de véritables bouleversements avec le numérique.

Exercice 6

C'est le cinéma qui connaît, en 2008, le plus fort taux de fréquentation globale puisque 24 % des personnes de plus de 15 ans y sont allées 6 fois et plus dans l'année contre 43 % qui n'y sont pas allés du tout. Pour les autres lieux culturels, les pourcentages de non-fréquentation sont plus importants. Cela peut s'expliquer au moyen de plusieurs arguments.
D'une part, le cinéma est une pratique accessible au plus grand nombre, même à ceux qui ont un faible capital culturel et qui veulent uniquement se distraire. Les autres lieux de culture comme les bibliothèques, les lieux d'exposition ou de patrimoine sont plus « intellectuels » et peuvent paraître trop « sérieux » ou ennuyeux à ceux qui recherchent davantage la détente que l'enrichissement des connaissances.

Exercice 7

Les bibliothèques sont considérées comme des lieux de « culture savante ». Même gratuites ou quasiment gratuites, elles n'attirent que ceux qui ont déjà un fort capital culturel et qui ne peuvent acheter tous les ouvrages qu'ils souhaitent lire. Leur fréquentation ainsi que celle des médiathèques a aussi diminué depuis l'apparition d'Internet où il est devenu plus facile d'accéder à certaines informations (textes, musiques, etc.) sans sortir de chez soi, avec une utilisation plus souple et moins contraignante.

Vers le bac

1. Ce document fait référence aux idées de Pierre Bourdieu.
2. Les classes dominantes adoptent une stratégie de **distinction**. Elles veulent montrer leur supériorité, garder leur pouvoir de domination, imposer leur

culture comme étant la plus légitime. Elles veulent aussi se différencier des classes moyennes qui vont essayer de les imiter.

3. Le **succédané** est une imitation, ce qui va servir de remplacement
4. Pour Pierre Bourdieu, nos goûts dépendent de la socialisation que nous avons reçue dans notre enfance. La phrase soulignée se réfère à la notion d'**habitus**, ensemble des dispositions intériorisées et transmises par notre milieu social. Nos pratiques vont être influencées, souvent de façon inconsciente (« nous ne réfléchissons pas »), par notre groupe social.
5. Les téléspectateurs ont parfois mauvaise conscience lorsqu'ils regardent des émissions « racoleuses ». Ils savent, qu'au point de vue culturel, cela ne leur apportera aucun enrichissement de connaissances. Ils se laissent néanmoins tenter, pensant qu'ils pourront regarder un programme plus intéressant à un autre moment. L'aspect « voyeuriste » des programmes les fait culpabiliser. Parfois, certains se sentent « coupables » de vouloir juste se détendre alors que notre société valorise par ailleurs le travail et les efforts.
6. Ce texte pourrait être rapproché des idées de Richard Peterson sur les individus « omnivores ». En effet, ceux qui ont un niveau culturel élevé, ne limiteront pas leurs choix à des programmes « légitimes » ou de culture savante. Ils auront des choix diversifiés, seront friands de tout (émissions de variétés…). Ils pourront en éprouver soit de la culpabilité, soit de la curiosité ou même de la tolérance. Ils se gardent, en tout cas, de mettre toutes les pratiques sur le même plan (elles restent hiérarchisées).
   Ce texte peut aussi être rapproché de l'idée de B. Lahire sur la « dissonance culturelle ». En effet, ceux qui ont une vie stressante, ont parfois besoin de « décompresser », « se relâcher » vers des activités « faciles » dont ils reconnaissent qu'elles peuvent être nulles. La culture de masse peut donc être appréciée par tous.
7. Le document 1 montre que les choix de pratiques culturelles s'expliquent par le milieu social alors que le document 2 montre que l'individu peut être omnivore et aller vers des pratiques « moins légitimes » ou moins valorisées même s'il fait partie des « classes supérieures ».

Le document 1 est donc déterministe alors que le document 2 explique que l'individu a une liberté de choix dans ses pratiques. Il peut exprimer volontairement ses goûts. On passe donc de la distinction de classe à la distinction de soi.

Achevé d'imprimer sur rotative
par l'imprimerie Darantiere à Dijon-Quetigny
en septembre 2010

Dépôt légal : septembre 2010
N° d'impression : 10-1124

Imprimé en France

seconde contrôle

Dans les ouvrages de cette collection vous trouverez :

- des **résumés de cours**, pour réviser rapidement
- des **exercices corrigés**, variés et progressifs pour vous entraîner et tester vos connaissances
- des **problèmes avec résolution** pour se préparer efficacement aux contrôles écrits de votre classe.

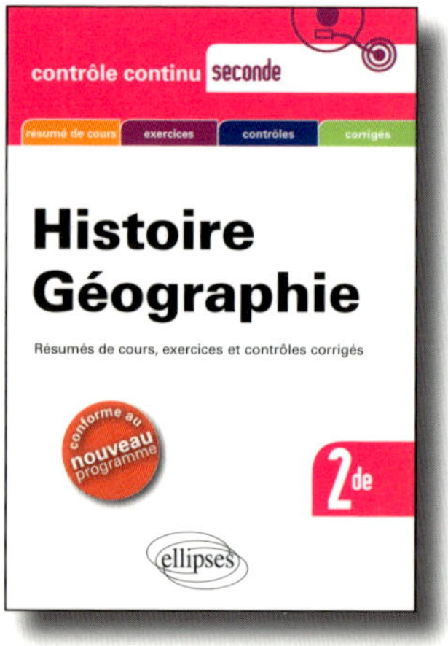

9 782729 860233

www.editions-ellipses.fr